IT 천재 페이스북 창업자
마크 저크버그 리더십

유한준 지음

생각을 혁신하라
Innovate your thinking

BOOK STAR

머리말

마법의 페이스북 신화 창조의 리더십

지구촌 사람들, 어린 학생들로부터 각계각층의 사람들을 열광의 늪으로 끌어들이는 페이스북, 소셜 네트워크 서비스SNS를 만들면서 지구촌에 페이스북Facebook 왕국을 세운 마크 저크버그는 유대인 출신으로 어린 시절부터 퍼스널 컴퓨터PC를 좋아하고 인문학에 관심이 많은 괴짜 꼬마였습니다.

이메일 주소를 갖고 있는 사람이면 누구든지 이용할 수 있는 페이스북에는 지구촌에서 10억 명 이상이 가입하여 이용하고 있습니다.

마법의 괴력怪力을 지닌 새로운 개념의 통신 소통 수단으로 불리는 페이스북은 그 활용 방법이 매우 드넓고 실로 상상도 할 수 없는 엄청난 전파력을 지니고 있어서, 마치 우주 공간의 블랙홀 같다고 일컫습니다.

페이스북은 스마트폰의 발전과 더불어 소셜 네트워크를 이용한 인맥의 연결고리 만들기를 통해 지구촌에서는 가장 많은 회원을 확보하고 있습니다.

미국 하버드대학교 학생이던 마크 저크버그가 친구들인 더스틴 모스코비츠, 크리스 휴스와 함께 2004년에 설립한 페이스북은 새로운 진화를 계속하고 있습니다.

월wall이라는 이름의 담벼락 안에 이용자들의 신상 정보 페이지를 설정하고, 메시지를 남기거나 정보를 주고받는 다양한 구성 요소들로 사이트가 폭넓게 구성되어 있습니다.

스테이터스라는 이름의 새로운 공간에서는 이용자들에게 친구들의 현재 위치 정보나 상황을 알려주기도 하고, 친구들과 더불어 최근 즐겁게 활동한 내용 등의 근황을 자동으로 업데이트해 주는 뉴스 피드Nеws Feed 등의 기능도 갖추어 놓았습니다.

페이스북은 서비스를 시작한 이후로 수많은 서비스를 계속 추가하여 엄청난 파괴력을 일으키면서 지구촌의 수많은 이용자를 열광의 도가니로 끌어들였습니다.

페이스북 사용자들은 자신의 프로필을 공개함으로써 다른 친구와 서로 가깝게 지내고, 공동 관심사를 지닌 사람들을 새로운 친구로 인정하고 서로 정보를 교류하면서 그룹을 이루어 하나의 공동체를 형성하는 등 다양한 활동을 할 수 있다는 것이 특징입니다.

스마트폰을 이용한 인터넷 세상에서 시간과 공간을 뛰어넘어 사용하는 환경과 적절하게 조화를 이루면서 트위터와 더불어 우리 생활에 절대적인 영향력을 행사하는 새로운 통신 수단이 되었습니다.

누구나 페이스북을 자신의 것으로 만들어 나가면서 생각을 초월한 드넓은 지혜의 바다를 느끼게 됩니다. 실로 모든 것을 빨아들이는 블랙홀처럼 놀라운 위력을 보여주고 있습니다.

지금까지 세상을 변화시키는 일은 괴짜들이 해냈습니다. 장난기가 많고 호기심 많은 괴짜들이 엉뚱한 일을 저지를 때 변화의 물길이 터지곤 합니다.

세상이 포화 상태로 가득할 정도로 무척 놀랍게 발달하여 더는 발전할 틈이 없을 것처럼 여겨질 때 장난기 많은 괴짜들이 새로운 비전으로 엄청난 변화의 물꼬를 트면서 세상을 흔들어 놓습니다.

저크버그는 하버드대학교 학생 시절에 영화 〈소셜 네트워크〉처럼 여자 친구에게 치이고, 오기로 하버드대학교 기숙사의 모든 여대생 사진을 해킹하여 사이트에 올려 하버드대학교 서버를 다운시키면서 대학교 행정 기능을 완전히 마비시키고 하루아침에 갑자기 유명해진 인물입니다.

그가 지구촌 사람들, 특히 미래의 주역이 될 젊은이와 청소년들에게 성공의 모델이자 창업의 우상이 되고 있습니다.

"무엇인가를 개선하려면 틀을 깨뜨려라!" 라는 그의 말은 21세기의 명언으로 꼽힙니다. 마크 저크버그, 그가 어떻게 지구촌 최연소 억만장자가 될 수 있었을까? 신화 창조의 핵심적 요인은 무엇일까요?

마크 저크버그처럼 생각을 바꿔보면 놀랍고도 새로운 세계가 보일 것입니다.

글로벌 페이스북 황제의 천재적 지혜와 탁월한 리더십을 어린이와 청소년들이 배워서 꿈과 희망을 키워가기 바랍니다.

유 한 준

II 놀라운 집중

Ⅲ 소통의 명수

IV 지혜의 큰 눈

V 창조의 신화

VI 경쟁은 없다

마크 저크버그

- 출생 : 1984년 5월 14일, 미국 뉴욕 주 화이트 플레인스
- 거주지 : 캘리포니아 주 팔로알토
- 학력 : 하버드대학교 컴퓨터과학 및 심리학과 중퇴
- 경력 : 페이스북 공동 설립자 회장 겸 CEO
  세계 최연소 억만장자
- 웹사이트 : Facebook.com/MarkZuckerberg
- 스포츠 : 펜싱팀의 주장 지냄
- 부모 : 아버지 에드워드Edward는 치과 의사
  어머니 캐런Karen은 정신과 의사
- 아내 : 프리실라 챈

페이스북Facebook

- 본사 : 미국 캘리포니아 주 팔로알토

01

탁월한 재능

01 마법의 페이스북

얼굴과 책의 합성어 페이스북Facebook이라는 괴물은 도대체 무엇인가?

지구촌 사람들, 특히 어린 학생들까지 열광의 늪으로 끌어들이는 페이스북은 마법의 괴력怪力을 지닌 21세기 새로운 개념의 통신 소통 수단이다.

간단히 말하면 소셜 네트워킹 웹 사이트를 말한다.

그런데 그 활용 방법이 매우 드넓어서, 마치 우주 공간의 블랙홀 같고, 실로 상상도 할 수 없는 엄청난 전파력을 지니고 있다.

페이스북은 스마트폰의 발전과 더불어 소셜 네트워크를 이용한 인맥의 연결고리 만들기를 통해 지구촌에서는 가장 많은 회원을 확보한 미디어로 혜성처럼 떠올랐다.

페이스북 사용자들은 자신의 프로필을 공개함으로써 친구가 되어 서로 가깝게 지내고, 공동 관심사를 지닌 사람들을 새로운 친구로 인정하고 정보를 교류하면서 그룹을 이루어 하나의 공동체를 형성하는 등 다양한 활동을 할 수 있다는 것이 특징이다.

스마트폰을 이용한 인터넷 세상에서 시간과 공간을 뛰어넘어 사용하는 환경과 적절하게 조화를 이루면서 트위터와 더불어 우리 생활에 절대적인 영향력을 행사하는 새로운 통신 수단으로 떠올랐다.

누구나 페이스북을 자신의 것으로 만들어 나가면서 생각을 초월한 드넓은 지혜의 바다를 느낄 것이다. 모든 것을 삼키는 블랙홀처럼 사용자들을 빨아들이는 놀라운 위력을 보여주고 있다.

그러나 문제는 많다. 새로 이용하는 사이트를 가장 잘 활용하여야 된다는 점이다. 그 방법은 사이트 가이드나 도움말 또는 고객 센터를 찾으면 가장 빠르고 정확한 이용 안내와 정보를 제공받을 수 있다.

마크 저크버그는 2004년 2월 4일, '더페이스북닷컴'을 설립하여 운영하기 시작하였다. 그런데 뜻밖에도 반응이 컸다.

더페이스북닷컴의 바람이 하버드대학생들에게 화제가 되면서 뜨거운 열풍을 일으켰다.

"신선하다!"

"새로운 아이디어인걸!"

"마크 저크버그, 도대체 누구냐?"

잔잔한 화제는 소문에 소문으로 이어지면서 페이스북 열풍은 마치 허리케인이 일어나듯 거센 바람으로 변하기 시작했다.

2004년 여름, 저크버그는 두 사람의 창업자와 함께 페이스북 본사를 캘리포니아 주 팔로알토로 옮겼다.

새 본사에서 벤처 투자가인 피터 시얼로부터 운영에 필요한 자금을 지원받았다.

이로써 힘을 얻은 저크버그는 하버드대학교를 중퇴하고 CEO 로서 새로운 각오로 회사 경영에 몰두했다.

"페이스북 온라인 접속은 무료이다!"

"우리는 광고를 통해 수익을 얻는다."

신규 가입자들은 자신의 신상 정보를 작성하고 사진을 게재하며 네트워크 프로그램에 참여하여 활동할 수 있게 하였다.

그뿐만 아니라 페이스북 마켓 플레이스와 페이스북 플랫폼 서비스도 시작했다.

페이스북 마켓 플레이스는 이용자들이 무료 단신 광고를 게재

할 수 있는 특별한 서비스이다.

페이스북 플랫폼에서는 이용자들이 기존의 페이스북 응용 프로그램의 기능을 향상시키거나 서로 바꾸어 쓸 수 있는 호환 프로그램들을 개발할 수 있다. 이는 아주 특별한 것으로 새로운 응용 프로그램 가운데 하나이다.

저크버그는 더페이스북닷컴의 이름을 '페이스북Facebook'으로 바꾸었다.

새로운 검색 서비스를 통해 하버드대학생들은 자신의 정보와 사진을 그가 고안한 템플릿에 올리면서 하버드대학교 교정을 뒤흔들었다. 불과 2주 만에 하버드 전체 대학생의 절반이 새로운 페이스북 서비스에 열광한 것이다.

저크버그는 그의 친구인 더스틴 모스코비츠와 크리스 휴스와 함께 머리를 맞대고 여러 가지 기능들을 추가하면서 페이스북을 미국 전역의 다른 대학교 학생들도 이용할 수 있는 사이트로 발전시켰다.

"너의 사진 좋다!"

"글과 사진이 잘 어우러지는데!"

"실제 이름과 사진이 뜨고 이메일 주소가 올라온다!"

가입자들이 자기의 프로필을 만들고, 사진과 미디어를 업로드하고 친구들과 연락을 주고받으면서 페이스북은 순식간에 유명세를 타고 대학가를 휩쓸었다.

신뢰할 수 있는 관계를 강조한 페이스북은 다른 소셜 네트워킹 사이트들과 차별화되면서 큰 화제를 불러왔다.

그뿐만 아니다. 이 사이트는 가입자들의 프로필 정보가 자기의 친구 인맥은 물론 그 친구의 친구들에게도 정보가 유포되는 네트워킹을 특별히 강조하는 점이 크게 부각되었다.

저크버그는 이러한 네트워킹에 '소셜 그래프social graph'라는 새로운 이름을 붙였다.

'소셜 그래프'는 날개를 단 듯 훨훨 날아다녔다.

"페이스북, 도대체 누가 만들었나?"

소문은 꼬리를 물었다. 그 주인공은 미국 하버드대학교 학생이었던 마크 저크버그다. 그는 친구인 더스틴 모스코비츠, 크리스 휴스와 함께 2004년 2월 4일 페이스북을 설립하였다.

소셜 네트워킹 웹 사이트로 시작한 것인데, 설립 초기에는 사이트 가입 자격을 하버드대학교 학생들로 제한하였다.

그런데 이렇게 제한된 속에서 페이스북이 마법의 괴력을 보이면서 엄청난 파괴력을 일으키기 시작한 것이다.

그러자 그 마법의 놀라운 전파력에 열 받은 다른 대학교 학생들로부터 문호를 개방하라는 요구에 부딪혔다.

그래서 3월에는 그 영역이 조금 더 넓어져서 스탠퍼드대학교, 컬럼비아대학교, 예일대학교까지 영역이 확대되었으며, 그 이후 점차 많은 대학교로 확대되었다. 그리고 페이스북을 외국 대학생들도 가입할 수 있게 문호를 개방한 것이다.

그러다가 2005년 9월에는 고등학교까지로 그 영역을 확대하였다. 그리하여 2005년 말까지 2,000개 이상의 대학과 2만 5,000개 이상의 고등학교에도 네트워크가 생성되는 엄청난 전파력을 보였다.

페이스북의 위력은 여기서 머물지 않고 몇몇 기업에까지 회원영역을 넓혔다. 마침내 2006년 9월에는 13세 이상의 전자우편 주소를 가진 사용자라면 누구나 가입할 수 있게 문을 활짝 열어 놓았다.

2006년 9월에는 이메일 주소를 갖고 있는 사람이면 누구든지 자신의 거주지를 기반으로 한 지역 네트워크에 가입할 수 있도록 하였다.

새로운 네트워크를 시작할 수도 있어 활동 범위가 무척 다양하다. 그 파괴력은 초고속으로 확산되면서 마치 허리케인처럼 엄청난 돌풍을 일으켰다.

페이스북의 새로운 진화는 쉬지 않고 이어졌다.

월Wall이라는 이름의 각 이용자 신상 정보 페이지에서 이용자의 친구들은 메시지를 남길 수 있는 등 다양한 구성 요소들로 사이트가 폭넓게 구성되어 있다.

스테이터스라는 이름의 공간에서는 이용자들에게 친구들의 현재 위치 정보나 상황을 알려주기도 한다.

친구들과 더불어 최근 즐겁게 활동한 내용 등의 근황을 자동으로 업데이트해 주는 뉴스 피드News Feed 등의 기능도 갖추고 있다.

페이스북은 서비스를 시작한 이후로 수많은 서비스를 추가하면서 엄청난 파괴력을 일으켰다. 그로 말미암아 지구촌의 수많은 이용자를 열광의 도가니로 끌어들이고 있다.

페이스북은 이용자들이 자신들의 블로그를 만들 수 있도록 서비스를 넓혔다.

이 서비스는 이용자들이 매우 저렴한 액수로 친구들에게 사이버 공간에서 선물, 곧 아이콘을 보낼 수 있게 한 특별한 방법이다.

2008년 6월, 회사는 페이스북 오픈 플랫폼을 통해 페이스북의 소프트웨어 코드의 일부를 저작권 사용료가 없는 개방형 소스로 만들면서 이용자들이 더욱 증가했다.

이것은 더 많은 외부 소프트웨어 개발자들이 페이스북의 자원과 데이터베이스를 사용하여 소셜 네트워킹 사이트의 모습을 개선시키는 응용 프로그램들이다.

이 프로그램을 통해 새로운 응용력을 기를 수 있다.

이러한 움직임은 2007년 11월에 소셜 서비스를 시작한 구글 같은 경쟁사의 움직임에 대한 일종의 대응책이자 경쟁에서 이기기 위한 방편이기도 하다.

이러한 노력은 소셜 네트워킹 사이트를 위해 응용 프로그램 개발자들에게 좀 더 이용하기 편리하고 쉬운 개발 환경을 조성해 주려는 움직임으로 나타났다.

마크 엘리엇 저크버그Mark Elliot Zuckerberg와 페이스북

마크 엘리엇 저크버그는 미국의 기업인으로, 소셜 네트워킹 웹 사이트인 페이스북을 공동 설립한 사람이다. 그의 이름은 미국식으로는 마크 엘리엇 저크버그이고, 영국식으로는 마크 엘리엇 주커버그이다. 그러나 마크 엘리엇 저크버그를 줄여서 마크 저크버그, 또는 저크버그라고 부르고 있다.

하버드대학교 컴퓨터과학 및 심리학과 재학 중인 2004년에 같은 대학 친구들인 더스틴 모스코비츠, 에두아르도 세버린, 크리스 휴즈와 함께 페이스북을 설립한 뒤 대학을 중퇴하고 회장 겸 CEO로 활동 중이다.

02 엄청난 도전 의식

경쟁만 일삼는 집단이나 사람은 실패하고 만다는 것이 세상의 진리이다. 경쟁을 일삼기에 앞서 자신이 나아갈 바를 정하고 그 목표를 이룩하기 위하여 줄기차게 달려가야 한다는 것이다.

사람이 달나라를 정복하기 위해 부단한 연구를 계속하였다. 그리고 마침내 1969년 7월 20일 달나라 땅을 밟았다. 인간으로서 처음 달나라 땅을 밟은 행운의 사나이는 미국의 아폴로 11호 선장 암스트롱이다.

그는 아폴로 11호의 착륙선 '이글호'를 타고 날아가 인류 최초로 달에 발을 디뎠다. 그 뒤 15분 만에 '이글호'를 함께 타고 간 버즈 올드린이 두 번째로 달나라 땅을 밟았다.

그때 지구촌 사람들은 달나라 여행의 꿈을 그리며 열광했다.

그로부터 35년이 지난 2004년, 발 없는 페이스북이 지구촌을 휩쓸었다. 끝도 없이 돌고 돌면서 지구촌에 회오리바람을 일으키고 있다.

그 회오리바람 열풍의 진원지는 간단히 말해서 페이스북이다. 세계적인 소셜 네트워크 서비스SNS라는 이름으로 지구촌을 강타하고 있다. 저크버그는 모험심과 도전 의식이 매우 강했다. 마치 미국의 우주 개발 '아폴로' 계획처럼, 그 결과로 탄생된 것이 페이스북이다.

저크버그의 모험심과 도전 의식은 소셜 네트워킹 웹 사이트를 개발한 이후 더욱 뜨겁게 달아올랐다.

페이스북을 만들어낸 지 3년 만인 2007년 11월, 페이스북 비컨 Facebook Beacon이라는 또 다른 프로그램을 만들어 서비스를 시작했다. 이 서비스는 이용자들이 다른 웹 사이트에 있는 자신의 활동들에 대한 정보를 비롯하여 다른 웹 사이트로부터의 여러 가지 정보들을 함께 공유하거나 호환할 수 있도록 한 것이다.

페이스북은 미국의 Facebook Inc에서 지난 2004년부터 제공하기 시작하였다.

지금은 지구촌에서 10억 명 이상이 활발하게 이용하고 있다.

지구촌 최대의 소셜 네트워크 서비스로 위력을 떨치고 있는 페이스북에는 수많은 사람이 몰려들어 이용하면서 개인 정보가 줄줄 새어 나가는 등 생각하지 못한 단점들이 불거졌다.

저크버그는 그 단점을 줄이고 개선하는데 열정을 쏟았다.

개인 정보가 밖으로 유출되는 사태가 빚어지면서 개인, 회사, 국가 등에서 많은 피해를 보고 있기 때문이다. 그래서 서버를 차단하는 장치가 필요하게 된 것이다.

자기에 관한 여러 가지 정보가 흘러나가 이 사람 저 사람에게 알려지고 입에 오르내리는 것을 좋아할 사람은 아무도 없다.

더구나 개인 정보가 흘러 나갈 경우 그 사람은 곧바로 불쾌감을 느끼고, 서비스에 대한 이질감이 생겨서 사용을 중단하게 될 것이 너무나 분명하다.

그렇게 된다면 사용자들 사이에서 나쁘다는 입소문이 퍼지면서 사용자 감소는 말할 것도 없고, 또 다른 대체 SNS 서비스를 향해 대규모 이동이 벌어질 수밖에 없다.

그런 가능성을 미리 막아야 한다는 것을 저크버그는 잘 알고 있다.

페이스북은 '해커 톤'이라는 행사를 평균 7주에 한 차례씩 열어 이용자들의 관심을 불러일으켰다.

이 행사는 이용자들과 협력하는 색다른 프로젝트 이벤트이다.

행사에 참가한 이용자들은 하룻밤 동안 새로운 프로젝트를 생각하고 그 생각을 구현하는 체험을 할 수 있다.

페이스북 행사 중에 저크버그 자신을 비롯한 많은 페이스북 직원들도 이 행사에 직접 참여하며 분위기를 띄우고, 필요한 모든 음악과 음식, 맥주까지 제공하며 흥겨운 행사가 되도록 이끌었다.

저크버그는 스티븐 레비와의 인터뷰에서 이렇게 말했다.

"이 행사가 하룻밤이라는 짧은 기간 동안 열리지만, 행사를 통해 아주 훌륭한 무언가를 만들어 낼 수 있다는 생각에서 출발하였다. 그 결과는 상상을 초월하는 뜨거운 열기로 가득하다. '해커톤' 행사는 페이스북이 나아가야 할 바를 일깨워주는 매우 유익한 프로그램이다."

그의 말처럼 이 하룻밤 행사는 오늘날 페이스북을 이끌어가는 아이디어 바탕의 하나가 되었으며, 저크버그에게는 자신의 가장 중요한 개성을 보여주는 이벤트이기도 하였다.

이처럼 저크버그는 아이디어를 이용자들로부터 지원받는 지혜를 가장 멋지게 이끌어내는 재능을 보여주었다.

대중 잡지인 〈배니티 페어〉는 저크버그를 2010년 '정보화 시대에 가장 영향력 있는 인물' 1위로 선정하였다.

그런데 이 잡지는 1년 전인 2009년에는 저크버그를 그렇게 위대한 존재로 여기지 않았는지 '정보화 시대에 가장 영향력 있는 인물' 랭킹 23위에 올렸을 뿐이다.

하지만 1년 만에 23단계를 단숨에 껑충 뛰어올라 1위로 우뚝 서는 엄청난 괴력을 보여준 것이다.

영국의 잡지 〈뉴 스테이츠먼〉에서 해마다 실시하는 '세계에서 가장 영향력 있는 인물' 50인을 선정하는 투표에서도 2010년 저크버그가 16위에 올랐다.

2010년 〈타임〉지가 뽑은 '올해의 인물'에도 선정되었다.

저크버그의 인기는 이처럼 여러 잡지에서 영향력 인물 차트에 오를 만큼 대단하였다. 그러한 동력은 지구촌 사람들이 페이스북 이용을 통해 그의 천재성을 드러내 준 결과이다.

| 〈타임〉지에 올해의 인물로 선정된 마크 저크버그

페이스북

마법의 괴력怪力을 지닌 새로운 개념의 통신 소통 수단이다.

지구촌의 어린 학생들로부터 각계각층의 사람들이 열광하는 페이스북은 소셜 네트워킹 웹 사이트를 말한다.

그 활용 방법이 매우 드넓어서 마치 우주 공간의 블랙홀 같고, 상상도 할 수 없는 엄청난 전파력을 지니고 있다.

페이스북은 스마트폰의 발전과 더불어 소셜 네트워크를 이용한 인맥의 연결고리 만들기를 통해 지구촌에서는 가장 많은 회원을 확보한 미디어로 각광받는다.

미국 하버드대학교 학생이던 마크 저크버그가 그의 친구들인 더스틴 모스코비츠, 크리스 휴스와 함께 2004년에 설립하였다.

03 괴짜 천재

저크버그는 미국 뉴욕 주 화이트 플레인스에서 의사 부부 사이에서 1남 3녀 가운데 외아들로 태어나서, 뉴욕 주 돕스페리에서 자랐다.

아버지 에드워드는 치과 의사였고, 어머니 캐런은 정신과 의사였다. 3명의 여자 형제들은 랜디, 도나, 애리얼이다.

유대인으로 미국에서 태어난 그는 어릴 적에 유대교 교육을 받았으며, 13세 때는 유대교 성인식의 일종인 바르 미츠바 의식을 거쳤다. 그러나 어른이 된 뒤로는 스스로를 무신론자라고 밝혔다.

저크버그는 중학교 시절부터 프로그래밍을 다루기 시작하여 이미 천재 소리를 들었다. 1990년대에는 아버지로부터 아타리 베이직BASIC 프로그래밍 언어를 배웠다.

그 뒤 1995년에는 소프트웨어 개발자인 데이비드 뉴먼으로부터 개인 지도를 받으면서 본격적으로 컴퓨터 학습에 몰두하였다.

한편으로는 아즐리 고등학교 학생으로 머시 칼리지Mercy College 대학원에서 컴퓨터 프로그래밍 관련 수업을 청강하는 놀라움을 보여주었다.

그는 프로그래밍하는 것을 무척 좋아했다. 특히 통신 관련 툴을 다루거나 게임 하는 것을 아주 즐거워했다.

아버지 병실 직원들의 커뮤니케이션을 돕는 애플리케이션을 고안하고, 리스크 게임을 퍼스널 컴퓨터 버전으로 만들어 내기도 하면서 천재성을 보여주었다.

아즐리 고등학교를 다닐 때의 이야기이다.

서양 고전학 클래식Classics 과목에서 우수한 성적을 거두며 두각을 나타냈다. 고교 3학년 때 필립스 엑세터 아카데미로 학교를 옮겼는데 이때 수학, 천문학 및 물리학 등의 과학 과목과 서양 고전 연구 과목에서 이미 상당한 수준에 올랐다.

그리고 이처럼 학과 공부에서만 우수한 성적을 올린 것이 아니다. 펜싱팀의 주장을 맡아 팀을 이끌면서 리더십을 발휘하였다.

고등학교 재학 중에 인텔리전트 미디어 그룹이라는 회사로부터 특별 초청을 받고 시냅스 미디어 플레이어를 제작해 주었다.

이 프로그램은 인공 지능을 사용하여 사용자의 음악 감상 습관을 학습할 수 있도록 만든 뮤직 플레이어이다.

이는 슬래시닷에 연결되어 많은 사람들이 이용하였다. 퍼스널 컴퓨터 잡지에서 5점 만점에 3점의 평가를 받았다. 마이크로소프트와 AOL 회사에서 제의가 들어 왔다.

"저크버그가 개발한 시냅스 플레이어 프로그램을 사들이고, 그를 특별 채용하겠다."

그러나 그는 파격적인 특별 채용 제의를 일단 정중하게 거절하였다.

"고마운 제의입니다. 그러나 대학에 진학하여 좀 더 공부를 하면서 학문과 기술을 연마하고자 합니다."

그는 이를 거절하고 2002년 9월 하버드대학교에 입학 원서를 제출하였다. 그때 대학교 입학 원서에 이렇게 기록하였다.

"내가 잘하는 과목은 영어와 과학이지만, 그밖에도 프랑스어, 히브리어, 라틴어, 고대 그리스어를 읽고 쓸 줄 압니다."

저크버그는 세계 최고의 명문 하버드대학교 에 우수한 성적으로 입학하였다. 대학교 학부 과정에서 컴퓨터 과학 및 심리학을 전공으로 선택했다.

대학 신입생으로 알파 엡실론 파이라는 유대인 학생 클럽에 가입하였다.

　대학교 2학년 때 참가한 사교 파티에서 저크버그는 프리실라 챈Priscilla Chan을 만나면서 새로운 후원자를 얻게 되었다. 두 사람은 9년 동안 연인으로 사귀어 왔다.

　캘리포니아 주립대학 의과대학 학생인 챈은 저크버그와 친구에서 연인 관계로 발전하고, 2010년 9월 저크버그가 살고 있는 팔로알토의 셋집으로 옮겨와 함께 살기 시작했다.

　대학에서 그는 평소 일리아스의 서사시 구절을 곧잘 인용하면서 학생들 사이에 인기를 끌고 이름을 널리 알렸다.

　엄청난 전쟁의 비극을 읊은 일리아스의 구절을 곧잘 줄줄 읊어가며 인용하여 하버드의 수재들로부터 놀라움과 함께, 경이로운 존재라는 칭송을 받았다.

　《일리아스Ilias》는 호메로스의 작품으로 전해지는 서사시敍事詩로, 그리스에서 가장 오래된 영웅 서사시이다. 1만 5,693행(줄)으로 된 대서사시가 24권에 수록되어 전해진다.

　트로이의 별명인 일리오스Ilios를 읊은 시인데, 그리스 군대가 20여 년에 걸쳐 공격한 트로이 전쟁 중에 마지막 해에 펼쳐진 사건을 노래한 대서사시이다.

　스파르타 왕 메넬라오스의 왕비로 절세의 빼어난 미인인 헬레

| 호메로스의 《일리아스》

네를 트로이 왕자 파리스에게 빼앗기자, 그리스 군대가 트로이를 공격해 들어갔다.

총사령관인 아가멤논은 1,000여 척의 군선軍船을 이끌고 바다를 건너가 트로이 성을 공격한다. 트로이 성은 꼼짝도 않고 버틴다. 그러나 자기의 딸 헬레네가 포로가 된 데 대해 크게 분노한 아폴로 신이 벌로서 역병疫病인 질병을 내려 그 병이 널리 퍼지게 만들었다.

그런데 그리스 군대 안에서 언쟁이 벌어지고 그리스 제일의 영웅으로 불리는 아킬레우스가 아가멤논에게 모욕을 당했다. 그러자 아킬레우스가 전투에서 손을 떼고 물러났다.

여기서 비롯된 '아킬레우스의 저주스러운 분노'가 일리아스 대서사시의 주제가 되었다.

아킬레우스의 어머니인 바다의 여신 테우스가 으뜸 신인 제우스에게 요청한다.

"그리스 군대에 대한 원조를 금지하여 주소서!"

이렇게 하여 그리스 군대가 패배한다. 그러나 그리스 군대의 처참한 패배를 본 아킬레우스의 친구가 가만히 있을 수 없어 복수전을 펴지만, 그도 트로이 헥토르에게 살해당하고 말았다. 이 사실을 뒤늦게 알게 된 아킬레우스가 불의 신에게 요청하여 불의 신으로부터 특별히 만든 갑옷을 받아 입고 트로이를 공격하여 헥토르를 죽인다.

트로이 여자들이 그의 장례식에서 통곡하는 것으로 대서사시는 대단원의 막을 내린다.

호메로스의 서사시《일리아스》

호메로스Homeros는 고대 그리스의 시인, 시성詩聖으로 일컬어진다. 그는 그리스 민족의 정신적 지주이자 헬레니즘 시대를 통해 중세는 물론 근세까지 많은 영향을 주었다. 대표 작품으로는 《일리아스》, 《오디세이아》가 있으며, 그리스에서 가장 오래된 영웅 서사시, 1만 5,693행(줄)으로 된 대서사시로 24권에 수록되어 전해지고 있다. 기원전 800년 때 지은 것으로 알려지고 있다. 그리스의 국민적 서사시가 되고 교육의 중심과 미술 속에 등장한 신들의 모습이 근거가 되었다. 또한, 유럽의 고대 시의 모범으로서 라틴 문학을 거쳐 유럽 문학에 큰 영향을 주었다.

04 상상의 날개

페이스북을 인수하겠다는 사람들이 나타났다.

"페이스북을 10억 달러에 인수하고 싶다."

야후에서 10억 달러에 인수하겠다는 제의를 한 것이다. 하지만 천재성이 번뜩이는 저크버그는 야후의 이 제의를 한마디로 거절하였다.

그러자 이번에는 벤처 캐피탈로부터 2억 5,000만 달러를 투자하겠다는 제의를 받았다. 저크버그는 이 제의를 받아들였다. 새로운 수완을 발휘한 것이다.

투자 제의는 계속 이어졌다. 이번에는 마이크로소프트사로부터 2억 4,000만 달러를 받는 대신 페이스북의 지분 1.6%를 내주는 협상을 맺었다.

그리고 다시 디지털 스카이테크놀로지사로부터 2억 달러에 1.96%의 페이스북 지분을 제공하였다. 이리하여 2008년에 저크버그의 자산 가치는 무려 15억 달러로 불어났다.

이로써 저크버그는 회사 경영에 탄력을 받게 되었다.

페이스북을 설립한 저크버그는 2008년 〈포브스〉가 선정한 세계의 억만장자에 겨우 이름이 올랐다. 이때 그의 재산은 15억 달러, 억만장자 순위는 785위로 밑바닥 순위였다.

하지만 이 순위는 부모로부터 물려받은 유산 상속이 아니라, 자신의 노력으로 이룩한 자수성가형 억만장자 가운데 최연소라는 타이틀을 기록하였다.

저크버그는 놀라운 경영 솜씨를 발휘하여 세계 최대의 소셜 네트워크 기업으로 키웠다. 억만장자들 가운데서 승승장구하여 드디어 재산 200억 달러의 젊은 CEO로 우뚝 섰다.

이로써 저크버그는 정보기술IT 분야에서 빌 게이츠 마이크로소프트 창업자에 이어 2위의 억만장자가 되었다.

스물여덟의 세계적 억만장자 저크버그는 한 살 아래의 중국계 여성 프리실라 챈을 아내로 맞았다. 세계 최대의 소셜 네트워크 기업인 페이스북 창업자 저크버그가 캘리포니아 팔로알토 자택에서 결혼식을 올린 것이다.

| 프리실라 챈과 마크 저크버그의 결혼 사진

프리실라 챈은 샌프란시스코에 있는 캘리포니아 주립 의과대학을 다녔고, 하버드대학교에서는 생물학을 전공했다. 저크버그의 연인에서 아내가 된 챈은 페이스북 창업에도 상당한 이바지를 한 것으로 알려졌다. 영어·중국어·스페인어 3개 국어를 구사하는 챈은 미국 매사추세츠 주 브레인트리에서 태어난 중국계 이민 2세다.

두 사람의 결혼식도 너무나 계산적이라고 팬들이 종알거렸다. 결혼식 전날 저크버그는 페이스북의 기업 공개를 마쳤고, 결혼식을 신랑 집 뒷마당에서 몰래 올렸다는 이유에서 그랬다.

그러자 페이스북 대변인은 저크버그의 결혼과 관련해 색다른 발표를 하였다.

"결혼반지는 매우 단순한 루비인데, 신랑이 디자인했다.
결혼식은 저크버그의 집 뒷마당에서 조촐하게 올렸다.
100명 미만의 하객을 초대하여 작은 규모로 치러졌다."

저크버그는 적색 색각 기능이 발달한 것으로 알려졌다. 그로 인해 파란색을 누구보다도 가장 잘 인식한다는 것으로 유명하다.

파란색이 페이스북의 주요 색상이 되고 있는 이유도 그런 연유라고 한다.

사람의 망막 시각 세포에는 밝은 곳에서 작용하여 색감을 느끼는 추상체와, 어두운 곳에서 작용하는 색감을 잘 느끼지 못하는 간상체가 있다.

사람의 망막에는 적색·녹색·청색을 느끼고 인식하는 3가지 추상체 기능이 있다. 여기서 색을 신호로 바꾸어 뇌로 전달하면 뇌가 그 신호를 받아 색에 대한 감각이 일어나면서 색을 분별하는 것이다.

흔히 색을 분별하는 능력의 결함이 있는 상태를 색맹이라고 하는데, 색각 이상色覺異常으로 생기는 것이다. 때문에 간상체는 어느 정도 밝은 곳이 아니라면 색감을 제대로 느끼지 못하게 된다.

마크 저크버그는 기자회견을 열고 "페이스북이 이메일 메신저 세상을 바꾼다!"라고 당당하게 선포하였다.

페이스북 창업자이자 최고 경영자CEO인 마크 저크버그는 엔지니어링 담당 임원인 앤드류 보즈워스와 함께 무대에 올라 설명하기 시작하였다.

저크버그는 마치 영화 〈소셜 네트워크〉에서처럼 말을 엄청 빨리 하면서 50분 동안 열변을 토했다.

저크버그는 페이스북에서 3억 5,000만 명이 메시지를 사용하며 하루 40억 개의 메시지를 보내거나 받고 있다고 밝혔다.

■ 저크버그의 기자회견 발언

페이스북이 새로운 메시징 시스템을 개발하였습니다. G메일 킬러가 될지 장담할 순 없지만, 커뮤니케이션 방식을 혁신할 것입니다.

지금은 이메일 따로, 메신저 따로, 문자 따로 세상이지만, 이메일은 스팸으로 가득합니다. 이걸 바꿀 수 있는 시스템을 우리가 만들어 냈습니다.

메시징은 시간이 흐를수록 빠르게 늘어나고 있습니다. 그래서 우리는 다음 버전이 뭘까 토론했습니다. 최신 메시징은 이메일은 아닙니다.

끊김이 없어야 하고, 즉각적이어야 하고, 실시간 대화라야 한다는 목표를 세웠습니다.

이메일에는 스팸이 너무 많습니다. 우리가 내놓는 메시징 시스템의 특징은 첫째 끊김이 없는 메시징, 둘째 대화 내역, 셋째 소셜 수신함 세 가지입니다. 이것은 분명코 이메일이 아닙니다.

여러분은 날마다 이어지는 일상생활에서 많고도 다양한 대화를 합니다. 메신저도 하고 문자도 주고받습니다. 이런 대화 내용을 한곳에서 볼 수 있습니다. 메신저, 문자, 이메일……, 이 모든 것이 한곳으로 모입니다.

여러분이 친구와 나눈 대화가 그대로 쌓이게 됩니다. 이메일에는 매우 많은 스팸이 있습니다. 어떤 이메일 시스템이든 어느 것이 스팸이고 어느 것이 스팸이 아닌지 분간하여 가려내기 어렵습니다.

페이스북이 이를 간단히 해결해 줍니다. 페이스북에서는 아무런 조치를 취하지 않고도 정다운 친구에게서 온 메시지를 가려낼 수 있습니다. 새로운 프로그램으로 개발한 소셜 수신함이 바로 가려내 줍니다.

새로 개발한 메시징 시스템에 관해 자세히 설명하면서 실제로 시연하겠습니다.

첫째, 끊어짐이 없는 메시징 Seamless Messaging

나는 여러분에게 혁신적인 차세대 메시징 시스템을 발표하게 되어 매우 기쁩니다. 여러분은 친구랑 대화할 때 문자 메시지 SMS를 쓸 수도 있고, 채팅을 할 수도 있고, 이메일이나 메신저를 이용할 수도 있습니다.

여러분이 무엇을 이용하든 간에 친구는 자기가 원하는 디바이스로 받을 수 있고, 두 사람이 실시간으로 대화할 수도 있습니다.

메신저를 쓸지 이메일을 쓸지 고민할 필요가 전혀 없죠. 상대방 이름을 선택하여 메시지를 입력하면 그만입니다. 만사 오케이 OK랍니다.

나는 여러분에게 @facebook.com 이메일을 드릴 것입니다. 그러나 메시지는 이메일이 아닙니다. 제목도 없고 본문도 없으니까요. 입력한 다음 엔터키를 누르면 역시 오케이입니다. 우리는 이

걸 대화처럼 만들고 싶었습니다. 메신저와 이메일을 결합한 것이라고 할 수 있죠.

둘째, 대화 내역 Conversation History

메시지는 친구들과 커뮤니케이션 곧 의사소통을 하기 위한 수단입니다. 그래서 사람을 중심으로 구성하는 방법을 생각해 냈습니다.

새로운 시스템에서는 여러분이 다른 사람들과 주고받은 대화는 채팅이든 이메일이든 문자든 한 곳에 모이도록 하였습니다. 서로 떨어져 있는 각각의 친구와 그동안 어떤 이야기를 주고받았는지 모두 한꺼번에 볼 수 있게 만들었습니다.

다음 세대는 살아가는 동안 사람들과 어떤 대화를 나눴는지 그 대화 내용을 알게 될 것입니다. "만나서 반갑다."라든가, "내일 오후 5시에 만나자."거나 "커피 마실까?", "토요일 오후에 축구 경기 구경 가자." 등……. 자! 신기하고 대단하지 않나요?

셋째, 소셜 수신함 Social Inbox

친구가 보낸 이메일 메시지가 청구서나 스팸 등과 섞여 있다면 안 되지요. 그건 분명히 잘못입니다. 새로운 시스템에서는 수신함에 여러분 친구나 친구의 친구가 보낸 메시지만 담기게 됩니다. 그 밖의 메시지는 모두 기타 폴더로 들어갑니다.

친구가 페이스북을 사용하지 않는다면 이 친구의 이메일은 처음에는 기타 폴더로 들어가는데 수신함으로 쉽게 옮길 수 있습니다. 그 다음부터는 문제가 없죠. 만사 오케이입니다.

필요에 따라서 계정 설정을 바꿀 수도 있습니다. 이제는 이메일 주소가 유출될까 염려할 필요도 없죠. 여러분에게 들어오는 메시지를 스스로 통제할 수 있습니다.

페이스북은 이런 기능을 지원하기 위해 인프라를 다시 구축했습니다. 페이스북으로는 가장 많은 엔지니어링 팀이 작업했습니다. 15명이 이마를 맞대고 땀을 흘리며 만들어 냈답니다.

저크버그는 새로운 프로그램 시스템을 신명나게 설명하고 시연까지 하면서 기자회견을 마무리하는 말을 하였다.

"여러분! 이것은 '이메일 킬러'가 아닙니다. 메시징 시스템입니다. 이메일은 그 일부죠. 여러분이 내일 당장 야후 메일이나 G메일을 그만둘 것이라고는 생각하지 않습니다. 우리가 만든 끊어짐이 없는 즉각적인 메시징으로 여러분들이 스스로 들어올 것을 기대할 뿐입니다. 앞으로 수개월에 걸쳐 실행할 것입니다. 처음에는 초청자한테만 서비스를 제공합니다."

그가 말을 마치자 질문이 쏟아졌다. 그 질문 가운데 하나다.

"인터넷 전화나 영상 전화도 가능합니까?"

"물론 그것도 연구 중입니다. 언젠가는 가능하겠지만, 오늘 말씀드린 것만 하는 게 좋겠다고 생각했습니다. 우리는 유저들이 어떻게 사용하는지 보고 나아갈 것이니까요."

05 10억 명의 왕국

저크버그는 불과 27세 나이로 재산 21조 원을 가진 억만장자이
자 지구촌의 10억 명을 회원으로 둔 페이스북 왕국의 CEO로 우뚝
섰다.

SNS 시대의 아이콘인 페이스북은 전 세계 10억 명 이상의 액티
브 유저가 활동 중인 세계 최대의 소셜 네트워크 서비스이다.

페이스북을 만든 지 10년도 안 되어 이처럼 폭발적인 인기를
끌면서 지구촌 사람들이 너도나도 다투듯 페이스북 왕국으로 들
어간 것이다.

페이스북으로 들어간 사람들의 월평균 사용 시간은 무려
23.333시간이라는 놀라운 기록을 세웠다.

미국에서는 이미 사회적으로 무시할 수 없는 입지를 구축하였

고, 지금은 미국을 넘어 지구촌으로 글로벌 세계를 형성하면서 압도적인 영향력을 행사하고 있다.

정치인이나 주요 단체들도 적극적으로 페이스북을 사용한다. 2008년 미국 대통령 선거 때 오바마의 인터넷 캠페인에서 페이스북과 트위터가 중요한 역할을 담당하였던 일은 널리 알려진 이야기이다.

"뭔가를 개선하기 위해서라면 기본 틀을 깨뜨리는 것도 괜찮다."라고 큰소리 탕탕 치는 저크버그는 틀림없이 놀라운 일을 계획하고 있을 것이다.

그가 앞으로 또 어떤 일을 해낼지 알 수 없다.

그래서 '혁신의 아이콘'이라고 불리는 저크버그에게 지구촌 사람들이 더욱 새로운 기대를 걸고 있다.

페이스북을 만들어 10억 명을 회원으로 둔 저크버그에 대한 영화가 있다.

그 페이스북 영화 〈소셜 네트워크〉의 줄거리는 슬픈 연가戀歌이면서도 애절한 마음을 담은 것으로 너무나 감동적이다.

영화는 보통 회사 창업과 달리 좋아하던 여자 친구로부터 실연을 당한 뒤 그 사연을 페이스북에 담아 띄운 이야기와, 스물여덟에 세계 최연소 억만장자가 된 저크버그의 창업 스토리, 그리고 많은 어려움과 시련을 겪으며 성공하는 과정을 소개한 것이다.

결론부터 말하면 여자 친구에게 치이고 시작한 페이스북이 지구촌을 휩쓸고 최연소 억만장자가 된 이야기이다. 영화의 줄거리를 요약하면 이렇다.

■ 페이스북 영화 〈소셜 네트워크〉 줄거리

마크 저크버그는 보스턴대학교 재학생인 여자 친구로부터 어느 날 결별의 말을 듣는다.

"저크버그! 난 네가 싫다!"

"갑자기 무슨 이야기야?"

"그건 분명해. 너를 싫어하는 진짜 이유는 '재수 없는 인간'이기 때문이야."

"뭐라고? 재수 없는 인간이라고?"

가슴을 콕 찔러주는 이 마지막 선언에 저크버그는 풀이 죽어 고개를 숙인 채 기숙사로 돌아온다.

하버드대학교 예쁜 여학생들을 떠올리며, 헤어지자는 그녀의 모습을 담담하게 알릴 수 있는 사이트를 만들기 시작한다. 그리고

| 영화 〈소셜 네트워크〉 포스터

자기의 마음을 더 솔직하게 알리는 사이트도 만들었다.

그런데 그 사이트에 뜻밖에 많은 접속자가 들어왔다.

"저크버그! 실망하지 마!"

"힘을 내! 용기를 가져라!"

응원과 격려가 쏟아졌다. 갑자기 하버드대학교에서 유명 인사
가 된다.

그래! 용기를 갖자고 다짐한다. 힘을 얻은 저크버그는 사이트
내용을 더 진지하고도 실감 나게 보완하면서 동부 지역의 아이비

리그 대학들로 범위를 넓힌다.

다음은 미국 전역으로, 그리고 세계로 뻗어 지금은 5억 명이 넘는 엄청난 가입자를 확보한다. 그리고 새파란 20대 초반의 대학생이 억만장자 갑부로 떠오른다.

만약 저크버그가 보스턴대학교 재학생인 여자 친구로부터 실연을 당하지 않았으면, 페이스북은 생겨나지 않았을지도 모른다.

이 영화처럼 연정과 실연은 극과 극의 대립을 이루는 경우가 많다. 저크버그가 실연의 아픔을 페이스북에 담아 띄운 것이 하버드대학교 재학생들의 가슴으로 파고들면서 폭발력을 터뜨린 것이다.

지금 미국의 대학교 학생들은 취업보다 창업에 더 관심을 쏟는다. 안정된 직장에서 정당한 보수를 받는 환경에서는 미래가 없다고 생각하는 사람들이 많기 때문이다.

그런 환경에서는 절대로 빌 게이츠나 마크 저크버그처럼 위대한 천재가 생길 수 없고, 젊은 억만장자도 나타날 수 없다는 것이다.

소셜 네트워크 페이스북은 007영화 시리즈 〈카지노 로얄〉 영화의 장면을 연상하면 그 이해가 빠르고 더욱 흥미진진할 것이다.

이 영화에서 중간 장면 하나, 제임스 본드와 본드 걸 베스퍼가 마주 앉아 정다운 표정으로 이야기를 주고받는다.

이 영화 속에 엄청난 고가의 시계 오메가 시마스터가 간접 광고로 뜬다.

베스파가 제임스의 멋진 손목시계를 보며 물었다.

"롤렉스인가요?"

"아니, 오메가 시마스터요."

그러면서 제임스 본드는 오메가 시마스터의 '좋아요!'라는 버튼을 누른다.

이 '좋아요!'가 페이스북 정보 전달 시스템을 타고 흐른다. 오메가 시마스터의 '좋아요!'를 페이스북 가입자 10억 명 대부분이 누르게 된다. 따라서 이 시계의 간접 광고는 대박을 친다.

이 '좋아요!'는 페이스북의 핵심 기능인 '좋아요!'를 통한 마케팅 수단이다. 이는 페이스북의 여러 다양한 기능 가운데 최고 기능이다. '좋아요!' 버튼을 누름으로써 정보 전달을 물론이고 감정까지 주고받는 효과를 누린다. 기하급수적으로 늘어나면서 엄청난 바람을 일으킨다.

그래서 페이스북을 이용하는 기업들은 '좋아요!'라는 극히 짧은 단어의 매력에 이끌려서 페이지를 개설하고 '좋아요!' 버튼 클릭을 유도하는 이벤트를 벌여 고객을 유치한다.

하지만 모든 기업들이 '좋아요!' 마케팅으로 대박을 터뜨리는 것은 결코 아니다.

왜 그런 일이 생기는가?

그 열쇠는 '소셜'이라는 괴물 같은 비밀 함정이 쥐고 있다.

놀라운 집중

01 열린 생각

페이스북은 트위터와 함께 지구촌 사람들을 한 공간 안으로 끌어들인다. 그로 인해 전 세계 사람들이 한 공간 안에 있게 하면서 국경선의 의미를 느끼지 못하게 만들고 있다.

이처럼 한계를 뛰어넘는 초월적인 힘을 발휘하는 혁신적인 열쇠를 소셜 네트워크 서비스가 쥐고 있다.

그 열풍적인 인기는 시간과 공간을 훌쩍 뛰어넘으면서 계속되고 있다.

이런 페이스북을 만들어 낸 인물이 바로 저크버그이다.

"저크버그, 그는 도대체 어떤 사람인가?"

젊은 나이에 억만장자 갑부가 된 IT 기업가 저크버그의 천재적 두뇌, 탁월한 경영 원칙과 전략, 여자 친구로부터 딱지를 맞고 오뚝이처럼 일어선 삶의 가치관 등에 대해서 많은 사람이 알고 싶어 한다.

저크버그의 성공 신화에 대해 사실 어떻게 생각해 보면 대단한 아이디어는 아니었음에도 불구하고 그 비밀을 풀기에는 역시 겹겹이 닫힌 철문 같은 것이 가로막고 있다.

그 궁금증을 인텔의 소셜 미디어 전략가이자 소셜 마케팅 전문가인 예카테리나 월터가 어느 정도는 풀어주고 있다. 그는 저크버그의 신화 창조에 대해 실제 삶에서 겪고 부딪히는 문제를 풀고 의문을 실행하는 저력이 매우 뛰어나다고 풀이하고 있다.

"저크버그는 아이디어가 있으면 그것을 실천하고, 의문점을 풀어보려는 의지가 강하고, 일을 벌이면 끝을 보고야 마는 강력한 추진력이 있다. 이야말로 벤처 사업을 일으킨 저크버그의 열린 생각이며 성공의 원동력이다."

그러나 그도 저크버그처럼 생각하고 실천하라고 말하면서 막연한 설명만 늘어놓을 뿐, 속 시원한 풀이는 역시 못하고 있다.

저크버그는 자신이 믿는 것을 창조해 나간다는 신념과 열정이 매우 강하다. 그 신념과 열정이 있으면 곧 시작했다.

그리고 실천을 통해 의미 있는 변화를 반드시 이끌어 내는 리더십, 훌륭한 인재를 찾아내는 능력, 새로운 인맥을 구축해가는 파트너십과 비전 능력, 그리고 패기가 넘쳐흐른다.

"대단한 열정과 창조적인 전략을 가져야 한다. 미래에 대한 불안감은 우리의 꿈과 희망을 가로막거나 지연시킬 뿐이다."

저크버그는 다른 사람보다 늘 몇 걸음씩 앞서 가는 인물이다. 소셜 네트워킹 서비스를 대학교에서만 공유할 것이 아니라 대학 교정을 넘어 더 넓은 일반 세상으로 빠르게 확산되어야 한다고 강조했다.

이러한 그의 생각은 곧 신념이자 경영 원칙이다. 페이스북의 흐름이 사람들의 인맥 형성에 어떤 변화를 가져올 것인지를 일찌감치 파악했던 것이다.

그러나 이에 대해 대부분의 사람들은 반대했다. 하지만 그는 페이스북이라는 새로운 플랫폼을 출시해야 대박을 맞을 수 있다고 확신했다.

"극단적으로 투명한 온라인 세상이 반드시 올 것이다. 내가 하지 않더라도 누군가가 할 것이다. 그걸 알면서 실행하지 않는다는 것은 정말 바보짓이다."

그는 이에 대해 자신과 확신이 있었다. 그런 신념과 의지를 실천으로 옮겨서 성공 신화를 창조한 20대의 젊은 CEO들은 매우 용기 있는 리더십을 지녔다는 공통점이 있다.

이 시대 최고의 성공 신화를 쓴 빌 게이츠는 스무 살 때인 1975년에 마이크로소프트를 창조했고, 스티브 잡스는 스물한 살 때인 1976년 애플을 일으켰으며, 마크 저크버그도 스물한 살 때인 2004년 페이스북을 창업하여 글로벌 기업으로 키워 냈다.

이들은 하나같이 두뇌를 밑천으로 창업하여 지구촌 사람들의 일상생활에 커다란 변화를 안겨주고 있으며 유산을 받지 않고 자수성가에 성공하면서 억만장자가 되었다.

그 원동력은 오로지 창의적인 두뇌 파워와 뚝심에서 나왔다.

"성공의 힘은 새로운 지식을 얻고 축적하는 데 있다. 이를 위해 노력하라. 꾸준히 노력한다면 지식을 쌓거나 발전하는 데는 한계가 없고, 잘 나가는 청춘이 되는 데에도 한계는 없다. 모든 것이 자신에게 달려 있다."

21세기를 두뇌 파워 시대, 곧 지식 사회라고 말한다. 두뇌가 인간을 다스리고, 탁월한 지식이 사회를 지배하며 권력을 창출한다.

두뇌 파워가 약하면, 지식이 제 기능을 내기 어렵다. 두뇌 파워는 지식을 창출하고 능력을 관리하며, 지식을 활용하는 리더십의 근본이다. 두뇌 파워는 곧바로 강력한 경쟁력이 된다.

두뇌 파워는 지식이 어떤 일을 해야 하고, 또 어떤 일을 하지 말아야 하는지를 다스린다.

두뇌 파워는 지식과 기술을 통제하여 성공 신화를 이룩하게 하는 열쇠이다.

일을 함에 있어서 정확한 정보와 지식은 바로 성패의 요인이다. 특별한 지식이 있거나 특수한 기술을 가지고 있다는 것은 바로 성공 신화에 날개를 달아준다.

오늘날 지구촌 사회는 지식이 그 바탕을 이루는 사회이다. 그때문에 새로운 지식이 전통적인 생산 수단으로 꼽혀온 노동, 자본, 토지와 같은 수단에 따르는 것이 아니라 두뇌 파워에 달려 있다. 두뇌를 어떻게 쓰느냐에 따라 성공 신화가 창출된다. 따라서 성공 신화의 바탕은 곧 두뇌이며, 두뇌가 그 자원인 것이다.

지식이 새로운 방식으로 결합할 때 새로운 에너지가 생긴다. 옛날에는 아무 쓸모도 관심도 없는 것처럼 여겨졌던 일들이 새로운 아이디어로 반짝반짝 빛을 내면서 엄청난 부를 안겨준다.

참신한 정보와 새로운 지식과 기술이 결합하려면 반드시 두뇌 파워에 의한 상상력과 창의력이 그 밑바탕을 이루어야 한다.

갑부의 꿈은 누구나 가지는 미래의 희망이다. 그 꿈을 이루게 할 수 있는 가장 강력한 바탕은 역시 두뇌 파워이다.

"눈에 보이는 부富의 가치보다는 눈에 보이지 않는 부富의 가치를 주목하라."

앨빈 토플러가 《부의 미래》에서 강조한 말이다. 이 말을 가장 적절하게 실천한 사람이 빌 게이츠, 스티브 잡스, 그리고 마크 저크버그이다.

부의 심층 기반인 두뇌 파워를 통해 새로운 지식과 기술을 결합시키면서 엄청난 상상력과 놀라운 창의력에 날개를 달고 글로벌 왕국을 구축하면서 세계 곳곳으로 날아들었다.

경제적 사회 구조에 회오리바람을 일으키면서 시장 환경을 빠르게 변화시켜 나갔다. 그리고 그 활동을 통해 엄청난 부를 쌓으며 짧은 세월 안에서 억만장자가 되었다.

새로운 프로그램 시스템을 계속 창출하고 특허로 기술과 사업 영역을 튼튼히 하면서 무형의 두뇌적인 재산을 유형의 지식 재산으로 바꾸고 이윤을 창출한 것이다.

새로운 상상력과 기술을 융합하여 지식의 가치를 폭발시키면서 엄청난 변화를 일으켰고, 지구촌을 휩쓸면서 돈을 긁어모으고 있다.

그런 새로운 경제 활동은 더 새로운 프로그램, 더 편리한 시스템으로 발전하면서 억만장자의 시장 지배력은 더욱 무궁무진한 황금 시장으로 만들어 갈 것이다.

QR 코드

　페이스북 열풍은 뜨겁게 불고 있다. 전 세계에 페이스북 가입자는 10억 명을 넘어섰다. 정말 놀라운 속도로 가입자들이 늘어나고 있다.

　페이스북 열풍이 뜨겁게 몰아치면서 마케터가 새로운 마케팅 수단으로 되고 있는데, 이를 제대로 활용하지 못하는 사람은 시대에 뒤질 수밖에 없다.

　이 시대에는 최첨단 트렌드를 따라가지 못하는 사람은 낙오자가 된다는 의미이기도 하다. 그래서 상상력과 융합된 지식은 미래 경제를 지배할 석유에 비견될 만하다.

　하지만 석유와 지식의 근본적인 차이점은 아주 다르다. 가장 분명한 것은 석유는 쓸수록 줄어들지만 지식은 사용할수록 더 많이 창조된다는 점이다.

이러한 세상의 흐름에 스마트폰까지 대중화되면서 페이스북의 열풍은 더욱 거세게 불고 있다. 그래서 페이스북에 접속하면 손쉽게 게임을 할 수 있고, 또 채팅이 이루어지고 정보를 간단하게 주고받을 수 있다. 스마트폰이 페이스북에 날개를 달아준 셈이다.

이제 휴대전화로 친구에게 SNS를 보내고 게임을 하고 글을 남기며, 대중교통 수단을 이용하는 일은 일상화되었다.

이렇게 페이스북은 삽시간에 21세기 글로벌 트렌드가 되었다.

더 많이 벌려면 더 많이 배워라. 현재의 지식 기반 사회는 다른 사람보다 지식이 더 넓어야 고액의 수입을 올릴 수 있다.

소득 수준을 높이고 싶다면, 스스로 지적 자산의 수준을 높여야 한다.

지적 자산을 머리나 손에 넣었다면 이를 현장에서 활용될 수 있는 실천적인 지식으로 만들어야 한다. 사전에 실천적인 지식인지 아닌지는 확인할 수 없다.

다양한 방법으로 일에 적용시켜 피드백을 얻어 보아야 한다. 그래야 살아 있는 지식이 된다. 지식을 어떠한 목적에도 활용하지 않는다면 가치가 없다.

"기존의 미디어를 계속 쓰는 기업 마케팅은 이미 죽었다. 두뇌 파워인 브레인 시대인 현대 사회에서는 끊임없이 지식을 활용하여 부를 창출하라."

새로운 지식과 정보가 끊임없이 쏟아지는 오늘날에 과거의 지식을 그대로 쓰고 있다는 것은 곧 경쟁에서 밀려나고 있음을 의미한다.

가지고 있는 낡은 지식보다는 새로운 지식을 배울 수 있는 능력과 배우고자 하는 의지가 경쟁력의 새로운 에너지가 되고 있기 때문이다

사람의 능력과 가치, 재능도 환경과 시간에 따라 변한다. 지금 능력이 뛰어나다고 해서 앞으로도 핵심적인 주요 인재로 계속 활동할 수 있다는 보장은 없다.

잘 나가는 인재로 계속 유지하려면 더 많이 배워야 하고, 더 지속적으로 배워야 한다. 평생 학습은 행복한 삶을 이어가고, 성공적인 인생을 유지하는 것과 매우 긴밀한 상관관계가 있다.

스스로 꿈을 실현하고 성공 신화를 계속 이루기 위해서 무엇보다도 필요한 것은 새로움에 도전하는 일 이상으로 좋은 일은 아무것도 없다.

아무리 훌륭하다는 컨설팅 전문가도, 유능하다는 이론가나 경영인이라고 해도 새로운 기술과 기능을 초고속으로 확산시켜 주

는 페이스북을 따라잡는다는 것 자체가 불가능하기 때문이다.

스마트폰이 지구 상에 맨 처음 나타난 때는 1992년이다. 불과 20여 년밖에 안 된다. 아이비엠IBM과 벨사우스의 조인트 벤처에서 만든 사이먼 스마트폰이 그 원조이다.

사이먼 스마트폰은 IBM이 개발한 사이먼 스마트폰으로 터치 스크린 기능과 메일을 확인하

| IBM 사이먼 (최초의 스마트폰)

고 간단한 인터넷 검색 등 무척 다양한 기능과 성능을 갖춘 신세대 개념이었다.

정말로 놀라운 신제품을 개발한 것이다. 그런데 시장을 정복하는 데 실패하였다. 이유는 너무나 앞서 나간 멍청한 제품이라는 혹독한 몰매를 맞았다.

개발자들은 시장에서 외면당하자 의욕을 잃었다. 그런데 그 멍청한 신제품을 종합 분석하여 보완하면서 새로운 날개를 달고, 지구촌 시장으로 파고들었다.

그 열쇠는 QR 코드라는 새로운 기술을 알아낸 것이다.

"QR 코드가 도대체 뭐지? 바코드와 무엇이 다른가?"

처음에는 QR 코드와 바코드를 분간하지 못하고 또 어떻게 다른지도 몰랐다. 그러나 QR 코드에 대해 의문이 생기고 관심을 갖게 되면서 그 비밀이 서서히 풀리기 시작했다.

QR 코드는 제품의 생산 국가, 상품 종류, 유통 경로 등을 포장지나 표지에 인쇄하여 판매 즉시 판매량과 금액 등 각종 정보를 집계할 수 있는 바코드 방식에 비해 반응 속도가 엄청나게 빠르고 대용량의 정보를 저장할 수 있는 경이로운 것이다.

바코드는 최대 20자의 숫자 정보를 넣을 수 있으나, QR 코드는 7,000개의 숫자를 넣을 수 있다.

20 대 7,000개의 숫자, 상대도 안 되는 엄청난 차이다. 그뿐만이 아니다. QR 코드는 4,000개의 문자와 1,800개의 한자漢字도 기록할 수 있는 엄청난 시스템이기 때문에 바코드와는 비교도 할 수 없다.

그래서 QR 코드를 이용하지 않고 기존의 미디어를 쓰고 있는 기업의 마케팅은 죽었다고 말한다. 마치 '신은 죽었다'는 말과도 통한다는 말이다.

그래서 QR 코드는 멍청한 개발자들의 장난이 아니라 너무 앞서 달려가는 아주 경이로운 초고속 시스템인데, 그 엄청난 진화를 따라가지 못하는 사람들이 오히려 멍청이라고 비웃었으니, 얼마나 어리석은 일인가?

페이스북 마케팅에서 가장 중요한 핵심은 바로 결과이다. 그 결과는 성공이냐, 실패냐 하는 정반대의 이분법으로 드러나기 때문이다.

QR 코드와 바코드Bar Code

QR 코드는 본래 일본 덴소 웨이브 회사의 등록상표이고, 바코드는 상품의 포장지에 가느다란 0.3mm의 검은 선 막대 113개의 길이와 굵기에 따라 문자를 코드화하여 그 상품의 정체를 표현하는 것이다.

이 코드는 제조, 유통업체가 제품의 포장지에 생산 국가, 상품 종류, 유통 경로 등을 인쇄하여 판매 즉시 판매량과 금액 등 각종 정보를 집계할 수 있다.

QR 코드는 바코드 방식에 비해 반응 속도가 빠르고 대용량의 정보를 저장할 수 있다. 바코드는 최대 20자의 숫자 정보를 넣을 수 있으나 QR 코드는 7,000개의 숫자, 4,000개의 문자, 1,800개의 한자漢字를 기록할 수 있는 엄청난 시스템이다.

제2의 지구

페이스북의 진화는 놀라운 속도로 계속되고 있다.

더 쓰기 좋고 기능은 더욱 다양하며 무궁무진한 괴력을 발휘하는 똑똑한 페이스북으로 진화되면서 그 비밀도 더욱 깊어지고 있다.

"페이스북은 어디까지 진화할 것인가?"

진화 속에는 페이스북의 교묘한 비밀이 숨어 있다. 그 비밀을 찾아내는 것이 매우 중요하다. 그 비밀을 찾아내는 것은 바로 페이스북이 앞으로 어떻게 진화해 나아갈 것인가를 예측하는 잣대이자, 사용자들의 지금 실태와 미래 상황까지도 내다볼 수 있기 때문이다.

페이스북이 가는 길은 이제까지는 가 본 일이 없는 길로 가는 것이고, 지금까지는 보지 못했던 세상으로 가는 비밀의 여행이다. 그 수수께끼 같은 길과 세상은 바로 인터넷 세상이다.

전혀 예측할 수 없는 수수께끼 같은 인터넷 세상은 단순한 '인터넷'이라고 하는 작은 세상이 아니라, 거대한 우주 공간의 블랙홀처럼 광활한 세상, 눈에는 보이지 않는 제2의 세상을 만들어 가고 있다.

마치 은하계를 넘어 새로운 지구, 기상의 세상을 현실의 세상으로 바꿔주면서 제2의 지구를 만들고 있다.

꿈도 꾸지 못했던 상상의 세계가 퍼스널 컴퓨터 화면 속에서 흘러나오면서 국경 없는 글로벌 세상을 만들어 놓았다.

페이스북은 글로벌 지구촌을 하나로 연결하기 위해 페이스북을 통해 지구촌 주민들끼리 소통하고 정보를 교환하면서 세상을 가꿔가기를 원한다.

이러한 희망이 이루어지면 질수록 페이스북의 가치는 치솟게 되는 것이다. 페이스북의 가치를 더 높게 끌어올리기 위한 비밀이 그 안에 숨어 있다.

페이스북의 비밀은 저크버그의 두뇌 속에 들어 있다. 아무도 그걸 모른다. 그래서 저크버그를 페이스북의 독재자라고 부르는 사람들까지 생겼다.

저크버그가 만들어 놓은 시스템에 따라 쓰고 있을 뿐, 그 비밀을 모르기 때문에 독재자라고 부르는 것이다. 하지만 그 독재자의 두뇌 속에서 나온 놀라운 전자파가 다양한 기능을 가진 시스템으로 페이스북 세상을 만들고 그 영토를 확장해 간다.

"페이스북의 마력은 무엇일까?"

사용자의 신상 정보를 캐내고 새로운 친구, 더 많은 친구를 찾아 교류하게 하는 것이다.

"궁금한 것이 있으면, 여기를 클릭하세요!"

"친구를 찾으려면 여기를 클릭하세요!"

이용자들은 달콤한 글귀에 감탄하고 그대로 따라간다. 일이 술술 풀려나가는 느낌이라 재미있다. 그러나 그 글귀 뒤에는 이것저것 개인 정보에 관한 요구 사항이 있는데, 경계심 없이 무심하게 들어준다. 그런 요구를 들어주지 않으면 더는 들어갈 수가 없기 때문이다.

이는 바로 데이터 마이닝의 기법이다. 방대한 정보들을 보유하고 그 정보를 추출하여 패턴과 서로 연결되게 하는 상관관계를 분석해 이용하는 신개념의 새로운 기법이다.

이용자들은 여기서 페이스북의 막강한 힘에 이끌려서 제2 지구로 들어간다. 일단 들어가려면 페이스북의 독특한 문자 언어에 융화되어야 하고, 지금 쓰고 있는 고유한 언어를 버리고 페이스북에서 지시하는 새로운 언어를 익히고 사용해야만 한다.

그렇게 되면 페이스북 안에서 모든 정보를 얻고 그 안에서 모든 일을 해결하도록 유도한다. 결국, 페이스북의 사업에 참여하고 그 지시에 따라서 제2 지구촌의 한 사람으로서의 위치를 확보하는 셈이다.

페이스북은 이용자들에게 프로필과 최신 사진을 올리고 신상에 관한 정보 사항을 거짓 없이 솔직하게 올리라고 요구한다. 이 페이스북의 지시 명령에 충실하게 따르면 전개되는 과정이 재미있고 즐겁다. 그래서 점점 깊숙이 끌려들어 간다.

시키는 대로 하면 새로운 친구가 생기고 몰랐던 지식도 얻는다. 매우 흡족하게 되고 만족한 느낌을 얻게 된다. 만물박사가 괴물박사로 한 차원 높아진다. 이 얼마나 신통한 일인가?

'좋아요!' 버튼만 누르면 몰랐던 정보도 알 수 있고, 사귀고 싶던 새로운 친구도 만날 수 있다. 그리고 만나본 적도 없는 낯선 사람과 글을 주고받으면서 생각이 통하고 뜻이 맞으면 금세 친구가 된다.

이런 과정 속에서 이용자 자신도 모르게 엄청난 변화가 일어난다. 마치 나비효과처럼 말이다. 이것이 저크버그의 페이스북 세상이고, 제2 지구촌의 영토 확장 신기술이다. 제2 지구촌의 인구가 늘면 늘수록 저크버그의 페이스북 사업은 날개를 달고 제2 지구촌을 누빈다. 덩달아 그의 주식 가치도 높아진다.

이렇게 하여 저크버그는 2012년에 무려 2조 원의 돈벼락을 맞았다. 미국 기업 최고 경영자CEO들이 주가 상승으로 대박을 맞았는데, 그 가운데서도 최고의 행운아는 저크버그였다.

미국 기업 최고경영자CEO들이 주가 상승에 힘입어 '돈벼락'을 맞은 것으로 나타났다. 미국 컨설팅 업체 GMI 레이팅스는 2012년에 가장 돈을 많이 번 10명의 CEO를 포함해 2,259개 기업 CEO의 보수를 발표했다. 가장 돈을 많이 번 CEO는 페이스북 창업자 마크 저크버그로 22억 7,867만 달러, 우리나라 돈으로 2조 4,083억 원의 수입을 올렸다는 것이다.

저크버그는 주당 6센트짜리 스톡옵션을 6,000만 주 보유하고 있다가 기업 공개 직전에 권리를 행사해 22억 7,668만 달러를 챙겨 대박을 맞는 행운을 안았다.

저크버그는 페이스북 신규 기업 공개를 단행한 뒤 주주들에게 '해커의 방식'이라는 제목으로 편지를 보냈다. 이 편지가 IT 업계의 최고 뉴스거리로 지구촌을 흔들었다.

"그 편지, 도대체 무슨 내용이었을까?"

▣ 저크버그의 편지

이번 주 IT 업계의 최고 뉴스거리는 페이스북의 신규 기업 공개입니다. 많은 언론들의 초점은 약 50억 달러에 이르는 공개 규모에 맞춰졌으니까요. 구글의 기업 공개는 20억 달러 정도였으니까, 우리는 엄청난 것입니다.

아직 페이스북은 구글과 같이 수익 구조가 탄탄하지가 않다는 점을 감안한다면, 50억 달러는 상상을 초월하는 규모입니다.

사실 저는 그저 페이스북을 이용하는 사용자 입장이므로 페이스북의 기업 공개가 특별히 뉴스거리가 될 것이라고는 생각하지 않았습니다. 많은 사람은 우리가 기업 공개를 통해서 더욱 안정된 기업 기반을 마련해서 더 안정적이고 혁신적인 서비스를 제공해 주기만을 바랄 뿐입니다.

기업 공개, 즉 주식회사가 된다는 것은 어떻게 보면 IT 벤처들에게는 독약과도 같습니다. 창업자로서 처음 가졌던 비전이나 가치보다는 주식을 소유한 주주의 이득을 극대화시켜 줘야 하는 주식회사의 숙명을 생각하면 페이스북의 앞으로 모습이 기대보다는 우려가 앞선다고 말할 수도 있습니다.

04 초고속 마력의 손

저크버그는 기업 공개로 엄청난 대박을 맞은 뒤 '해커의 방식'이라는 제목으로 편지를 보내면서 제2 지구촌 사람들에게 자신의 마음을 전달한 것이다.

주요 골자는 페이스북의 신규 기업 공개를 통해서 개인 회사가 아닌 공개 기업이 되면 자연스럽게 주주들의 이득에 초점을 맞춰서 기업을 운영하겠다고 밝혔다.

하지만 그래도 처음 페이스북을 창업할 때 가졌던 해커 정신을 고수하겠다는 의지를 보여 주었다. 그러나 이 편지에 담긴 저크버그의 진짜 속마음을 알 수는 없다. 분명한 것은 앞으로 굳건히 잘 지켜나갈까? 하는 점은 여전히 관심거리이다.

그래도 세계 최대 페이스북 왕국을 이끌어 가는 저크버그인데,

그가 페이스북 설립 당시의 초심인 해커 정신을 다시 강조하여 밝혔다는 데서 그의 태도가 매우 솔직하고도 훌륭하다는 칭송을 받았다.

세계의 많은 사람은 그저 신규 기업 공개의 규모에 대해서 이러쿵저러쿵 말들을 쏟아내고 있지만, 그 자신은 아무것도 모르고 일을 벌였던 초기의 마음과 태도를 말하고 그 초심을 지켜가겠다고 밝혔다.

언론이나 세상 사람들은 페이스북 기업의 미래와 그 기업 안에서 일하는 사람들의 열정에는 관심을 별로 가지지 않고, 단순히 신규 기업 공개로 돈벼락을 맞았다며, 돈의 액수에만 관심을 보이고 있다. 왜 그럴까?

페이스북 이용자들이 그의 편지를 보고 감동하고 열광한 구절은 코드와 결과라는 말이다.

■ 저크버그의 코드와 결과

많은 기업들이 중견 기업으로 우뚝 선 뒤 새로운 서비스를 출시하는데 어려움을 겪었다. 이는 전에 거둔 성공에 대한 부담감에서부터 온 것이다. 진짜 창의성이 고갈된다면 새로운 서비스를 출시하는데 어려움을 겪을 수밖에 없다. 그런 부담감 때문에 기획 회의만 길게 이어지곤 한다. 하지만 기획 회의만으로는 절대 서비스를 만들 수는 없다. 많은 회사는 몸으로 부딪히기 전에 회의로 시간만 낭비한다. 물론 품질 공학의 측면에서 초기 기획 및 설계 단계에서 오래 생각하고 또 회의하면서 장고長考하는 일은 앞으로 더 좋은 제품을 생산하고 회사를 발전시키려는 운영 단계에서는 꼭 필요하다.

그런데 한 번도 시도해 보지 않은 일을 놓고 회의에서 나오는 이런저런 가상적인 토의 결과와 피드백만으로 참신한 아이디어를 죽이는 경우가 많다. 그런 코드라면 무의미하다.

또 하나는 결과가 논쟁을 이긴다는 말이다. 아주 오랜 기간을 두고 기획을 거쳐서 개발해 낸 신제품보다는, 어느 정도의 기획이 끝나고 바로 개발해서 실물을 보고 장단점에 대한 문제점을 고치고 다시 제품 서비스의 기획안이나 콘셉트를 수정해 가는 전략이 더 효과적이다. 일의 결과가 단순한 기획보다 더 중요하다. 이에 대해 스티브 잡스의 유명한 일화를 소개하고자 한다. 새로운 광고를 제작할 때마다 잡스는 광고 대행사에게 혁신적인 광고 콘셉트를 요구했지만, 어떤 혁신적인 것을 원하는지 구체적으로 알려주지 않았다. 그러면서 광고 대행사에게 "나도 어떤 게 혁신적인 건지 잘 모르겠다. 그러나 그걸 만들어서 내 앞에 보여주면 나는 그것이 혁신적인지 아닌지 알 수 있다."라고 말했다.

새로운 제품을 만들기 전에 적어도 100개 이상의 시제품을 만들었다는 일화도 있다. 볼 수 없으면 알 수 없고, 만질 수 없으면 확인할 수도 없는 일이 혁신이다. 그래서 결과가 중요하다.

사람은 누구나 도전과 시련을 겪으면서 살아간다. 자신 앞에 놓인 도전은 그 자신만이 감당해야 하고 해결해야 한다. 도전에서는 더 대담하고 더 빠르게, 그리고 더 철저하게 집중해야 한다. 꿈이 있으면 도전의 마음이 생기고, 도전하면 성공과 실패 둘 가운데 하나의 결과가 나타난다. 그러나 실패보다는 성공의 길로 달려가야 한다.

저크버그처럼 생각하고 그처럼 꿈을 갖자. 무언가가 되겠다는 꿈을 꾸자. 그러나 꿈속에서 헤어나 실행하는 의지가 중요하다. 페이스북을 기업 공개한 뒤 돈벼락의 대박을 맞은 저크버그의 고백처럼, 코드와 결과를 배우고 실행할 때 자기가 생각한 꿈을 이룰 수 있다.

용기와 희망을 가지고, 자신의 목표와 꿈을 향해 달려가는 사람에게는 성공의 문이 열린다.

사람이 세상을 살아가는 과정에서는 질서와 서열을 무시할 수 없다. 학교에서도 1등과 꼴찌가 있고, 군대에서도 대장과 졸병이 있다.

인생에서 어쩌면 1등과 꼴찌는 미리 정해진 것은 아니라 해도 부정할 수 없는 필연적인 것인지 모른다.

남다른 가치관과 의지, 용기를 가지고 밝은 세상을 만들고자 노력한 사람이 많다. 자기보다는 남을 위해 희생한 많은 사람 가운데는 성직자, 과학자, 사업가 등 헤아릴 수 없다. 그 가운데 한 사람이 저크버그이다. 그는 대학생 신분으로 젊은 나이에 페이스북을 만들어 세계 10억 인구를 친구로 만들면서 제2 지구를 이끈다.

그는 페이스북을 설계하고 실천한 초고속 마력의 손을 가졌다. 그는 어린 시절부터 부지런한 손놀림을 하였다. 설계하고 만져보고 부서대기를 반복했다. 그렇게 손놀림을 하도록 지시하고 명령한 것은 바로 그의 두뇌였다.

보통의 어린이들과는 달랐던 특이한 아이였다. 올바른 가치관과 호기심으로 희망찬 미래를 꿈꾸었다. 그 손과 두뇌로 열심히 일하고 꿈을 실현하여 페이스북 대제국을 세운 것이다.

저크버그는 미국의 젊은 기업가이자 소프트웨어 개발자에 머물러 있는 것이 아니라, 페이스북을 설립 운영하면서 소셜 네트워크 서비스를 선도하고 있다.

| 마크 저크버그

그가 하버드대학교 재학 시절 대학생이라는 제한된 사람들만을 대상으로 만든 페이스북이 전 세계로 확산되어 현재 이용자가 10억 명을 넘어섰을 정도로 급성장했다. 이런 성장을 바탕으로 큰 힘을 얻고 정보화 시대의 가장 영향력 있는 인물로 혜성처럼 떠올랐다.

페이스북과 저크버그

페이스북을 설립하여 소셜 네트워크 서비스sns를 선도한 마크 저크버그는 미국 기업가이자 소프트웨어 개발자로는 세계에서 가장 젊은 나이이며, 페이스북은 세계에서 가장 큰 소셜 네트워크 서비스 업체이다.

회장 겸 CEO인 저크버그는 차세대 디지털 거인을 대표하는 인물이다. 하버드대학교 재학 중에 친구들인 에두아르도 세버린, 앤드류 맥컬럼, 더스틴 모스코비츠, 크리스 휴즈와 함께 페이스북을 설립했다.

저크버그는 대학교 2학년 때인 2003년 10월 페이스매시Facemash라는 이름으로 SNS 서비스를 시작했다. 2004년 2월 4일에는 '더 페이스북The FaceBook'이란 이름으로 서비스를 개편했으며, 2005년에는 지금의 이름인 페이스북으로 변경했다.

05 '좋아요!' 함정

페이스북은 남을 인정하지 않고 배척하면서 자기만의 이익을 취하려는 배타적인 대학생 커뮤니티로 출발했다. 처음 만들었을 때부터 가입 대상자를 철저하게 제한하는 시스템으로 짜놓았다.

그러한 단적인 예는 처음에는 하버드대학교 재학생들만 이용할 수 있게 제한한 것이다. 그런데 너무나 재미있고 신기하여 폭발적인 화제가 되었다. 하지만 가입자를 하버드대학생들로만 제한한 탓에 다른 대학교 학생들의 궁금증이 폭발한 것이다.

여러 대학에서 항의성 불만이 터졌다.

"제한적 독점은 말도 안 된다."

"너무 배타적이고 이기주의적이다."

"문명의 이기는 모두가 공유해야 한다."

할 수 없이 미국 각 대학교로 서비스 영역을 넓혔다. 거기서 머물지 않고 2005년 9월에는 고등학교 학생도 서비스에 가입할 수 있게 하였고, 마침내 2006년 9월에는 13세만 넘으면 누구나 가입할 수 있게 확대하였다.

페이스북은 2006년 야후로부터 10억 달러에 인수하겠다는 제안을 받았으나 거절한 일은 널리 알려진 이야기이다. 그러나 저크버그는 이 제안을 거절하고 페이스북을 직접 운영하면서 천재적인 기업가 수완을 떨쳤다.

더구나 일단 가입하고 나면 수많은 통제 시스템을 페이스북 안에 여기저기 깔아 놓고 이용자들을 자기들 입맛대로 끌고 다녔다. 그 가운데 대표적인 제어 통제 기구가 바로 '좋아요!'라는 함정이다. '좋아요!' 버튼의 함정을 깔아 놓고 이용자들을 끝없이 유혹하였다.

007 시리즈의 제임스 본드가 등장한 오메가 시마스턴의 '좋아요!' 버튼에 몰린 이용자가 무려 12만 명에 이르는 괴력을 보였다.

다니엘 크레이그, 신디 크로포드, 조지 클루니 등 유명 연예인들의 사진도 큰 파장을 일으켰다.

문제가 생겼다.

"나는 제임스 본드가 좋아요!"

"베스파가 참 좋아요!"

버튼을 누르면 누른 사람의 신상이 고스란히 뜨는 것이었다.

단지 '좋아요'라는 버튼만 눌렀을 뿐인데 개인의 이름이 나타나는 것이다. '좋아요!' 버튼을 누름과 동시에 상대를 좋아한다고 보증한 셈이 되었다.

오직 '좋아요!'라는 버튼만 있고 '싫어요!'라는 버튼은 없다. 그래서 페이스북의 버튼은 좋다는 것만 유도한다. 긍정적인 소통만 이끌고 있을 뿐 부정적인 요소는 거의 없다.

프로그램 자체를 그렇게 만들어 놓고 이용자들을 유도하기 때문에 보이지 않는 함정이 많다는 지적이다.

그런 함정 뒤에 숨은 '좋아요!'라는 버튼이 수많은 이용자를 유혹하면서, 페이스북 이용자는 전 세계적으로 확산되면서 10억 명을 넘어섰다.

급격한 가입자 증가와 더불어 페이스북의 기업 가치도 상상을 초월하는 엄청난 증가를 거듭했다.

이 덕분에 마크 저크버그는 세계에서 가장 어린 나이로 자수성가한 억만장자가 되었다. 그뿐만이 아니다. 페이스북의 사용자가 늘어날수록 저크버그가 갖는 위상 역시 세계적으로 커지고 있다.

지금 페이스북이 큰 성공을 거둔 것은 틀림없는 사실이다. 그러나 사용자 각 개인의 비밀스러운 인격과 자유의 프라이버시를 침해한다는 불만의 소리와 함께 속속들이 너무 파헤친다는 우려가 끊임없이 불거지고 있다.

젊은 청년의 억만장자 사업의 길은 레드카펫을 깔아 놓은 탄탄한 길, 찬바람도 비켜가는 순탄한 지름길만은 아니었다. 고난의 역습을 당하는 일도 많이 겪었다.

드디어 미국 연방무역위원회가 페이스북의 프라이버시 문제에 대한 조사를 2011년에 전격적으로 진행하는 칼을 뽑아들기에 이르렀다.

결국, 저크버그는 연방무역위원회가 요구하는 20년간 페이스북이 외부 기관의 정기적인 감사 등을 받는다는 내용을 포함한 합의안을 수용했다.

엎친 데 덮치는 격으로 저크버그는 남의 서비스를 모방해 페이스북을 만들었다는 고소까지 당해 여러 차례 법정을 드나들며 투쟁을 벌이기도 했다.

페이스북 제국의 대통령 저크버그의 성공 비결은 과연 무엇일까?

그의 말과 행동, 그리고 사고방식을 바탕으로 그의 성공 비결을 분석한 사람들이 있다.

그들의 분석은 '페이스북 CEO 저크버그의 성공 비결은 초고속 업무 기술'이라고 보았다. 폭발적인 속도로 성장하고 있는 페이스북의 엄청난 성공과 이 성공을 이끌어 내고 있는 저크버그의 성공 비결을 일에 대한 속도 감각, 아주 단순함, 이용자들의 실명 공개와 플랫폼 개방, 사람에 대한 끊임없는 연구 등과 밀접하게 연관된다는 것이다.

그가 성공 신화를 이어가는 일반적 특성은 일에 대한 속도 감각이 뛰어나다는 점과 사람을 연구한 결과물이라는 분석이다.

저크버그의 성공 철학

지금은 초스피드 시대이다. 일에도 속도가 있어야 한다. 일에 대한 속도 감각부터 바꿔라. 그리고 사람을 소중하게 여겨라. 모두에게 꼭 필요한 것을 알면서도 아무도 손을 대지 않았던 일이 바로 페이스북이다.

페이스북은 사람과 사람 사이를 이어주는 글로벌 징검다리이다. 물론 약간의 속박이 있기는 해도 더 큰 자유를 보장하기 위한 통제 수단일 뿐이다. 여러 명의 지혜를 한데 모으면 천재도 당해낼 수 없다.

정보는 쌍방향으로 오고갈 때에 큰 힘을 내고 놀라운 결과물을 만들어 낼 수 있다.

세상을 바꾸고 글로벌 지구촌을 만들어 내는 강력한 도구가 페이스북이다. 그걸 완성해야 한다. 본래 크게 탄생한 것은 없다. 작은 신념들이 모여서 큰 것을 이루고 세상을 바꾼다. 젊음을 무기 삼아 도전하라. 도전하다가 힘이 지쳐 쓰러지면 오뚝이처럼 다시 일어나라.

소통의 명수

01 현재와 미래

저크버그는 사람을 연구한 결과물이 페이스북이라고 강조했다.

"현재 세상은 매우 복잡하다. 근거 없는 일에 관심을 두지 말고 근거가 확실한 일에 관심을 가져라. 어떤 상상의 결과에 기대를 걸고 믿고 행동하라."

자신감은 가속도의 원동력이다. 자신감이 없거나 약하면 아무 일도 제대로 할 수 없다. 일을 진행할 때는 핵심만 남기고 군더더기를 모조리 덜어내라는 것이다.

아무리 보잘것없는 일도 작은 일에서 위대한 일로 발전한다.

열정이 뛰어난 사람은 그 열정 하나만으로도 세상을 바꿀 수 있는 힘이 있다. 창의력에 불을 붙이면 그 일은 반드시 성공의 날개를 달고 하늘로 솟아오를 것이다. 그런 뒤에 돈도 명예도 들어온다는 것이 그의 생각이다.

현재의 편안함에 안주하면 미래를 바로 볼 수 없다. 현재의 성공은 미완성의 결과에 지나지 않을 뿐이다.

그런 미완성의 작은 성공에 안주하는 사람에게는 더 큰 성공을 바라보는 눈이 없어, 오늘에 안주하는 바보가 되고 말 것이다.

"시대가 요구하는 것이 무엇이고, 오늘의 사람들이 원하는 것이 무엇인지 바로 보는 눈이 필요하다. 그런 현상에 민감하게 촉각을 세워라. 시대를 너무 앞서간 천재를 멍청이라고 부르는 세상이다. 그렇다고 비관할 필요는 없다. 천재는 항상 앞에 서서 멀리 달려갈 뿐이니까. 없는 것을 찾아내고 보이지 않은 것을 밝혀내는 것이 페이스북의 사회적 의무이자 봉사이다."

저크버그는 "비록 바보라 할지라도 천재를 닮아보려고 하고, 천재를 흉내 내어 보라."라고 말한다. 꿈이 없는 사람은 없다. 또 뜨거운 열정이 없는 사람도 없다. 그러나 뜨거운 열정보다 냉철한 판단이 필요하다. 중요한 것은 지속적인 열정이다.

저크버그의 리더십 기질은 "동경한다면, 그 대상의 모든 것을 흡수하라. 그리고 세상을 바꾸자."라는 것이다.

드디어 회사를 세운 대학생 사장 저크버그는 나름대로의 신념을 밝혔다.

"많은 사람이 불가능한 일이라고 말해도 일을 저질러야 한다. 시도도 하지 않고 어찌 세상을 살아갈 수 있는가? 배우면서 일하고, 일하면서 성장하면 그게 성공의 지름길이다. 돈부터 밝히지 말고 사용자의 신뢰부터 이끌어라. 그것이 사회의 정의이자 기업의 윤리이다."

그는 사람들의 숨은 욕망을 자극하고 흔들라고 말한다.

황금보다 먼저 광맥을 찾아 나서고, 눈앞에 어른거리는 작은 이익보다는 보이지 않는 이익이 더 크다는 것이 세상의 진리이다. 작은 부자를 꿈꾸면 제품을 팔고, 큰 부자를 꿈꾸면 꿈을 팔아야 한다는 것이 그의 주장이다.

다양한 세상의 여러 정보를 공유하는 바탕은 믿음과 신뢰다. 신뢰가 없는 믿음은 모래성과 같다. 실패란 넘어지는 것이라고 생각하는 사람들이 많지만, 꼭 그런 게 아니라 넘어진 자리에 머무는 것이다.

그래서 실패는 성공으로 가는 길목에 불과할 뿐이다. 투명한 정보 공개가 더 밝은 세상을 만든다.

페이스북은 사람과 사람을 연결하는 글로벌의 징검다리이다. 새로운 정보를 얻는 것은 물론 중요하다. 그러나 인간에 대한 관심과 신뢰를 얻는 일이 더 중요하다.

이 일을 페이스북이 중개하고, 세상을 바꾸는 일을 선도한다.

"이익을 내는 일보다는 회사의 발전과 성장이 우선이라고 밀어붙인다. 돈에 눈이 머는 순간 리더 자격은 추락한다. 비싼 가격표보다 정직한 가격표로 시장을 흔들자. 그리고 가장 비싼 가격표는 나 자신에게 붙여야 한다. 돈으로 살 수 없는 최고의 브랜드를 만들어야 성공할 수 있다."

저크버그의 머릿속에는 세상을 바꾼다는 굳은 신념으로 가득 차 있다. 그런 신념으로 줄기차게 진행하고, 성장을 위해 끊임없이 노력하면 마침내 성공에 도달한다는 확신이다.

"세상에 100% 만족도 없고 그런 성공도 없다. 확고한 자신감과 발상의 전환이 뜻밖의 기회를 만들고 성공을 거둔다."

그는 지속적인 성공을 계속 엮어 가는데 남다른 기술력을 가지고 있다.

"주변의 사람들이 이러쿵저러쿵 떠들어 대는 쓸데없는 비난에 흔들리지 말고 묵묵히 나아가라. 중요한 것은 '누가 무슨 말을 했는가?'가 아니라, 누가 '무엇을 이루었는가?' 하는 것이다."

그는 "이 사람은 아니다 싶을 때는 즉시 바꾸고, 비전과 문화를 함께 나누어 가질 수 없다면 헤어지는 것이 현명하다."라고 말한다.

나보다는 앞서 가는 생각을 하는 사람과 손을 잡고 일을 하면

힘차게 달려갈 수 있다. 그 반대로 보수적인 생각을 하는 사람과 손을 잡으면 발전은커녕 그 자리에 머물러 있기 쉽다는 것이다.

그래서는 발전도 어렵고 성공도 어렵다는 말이다. 뼈아픈 결별을 단행하는 일도 필요하다. 머뭇거릴 이유가 없다.

세상의 인재들이 페이스북으로 몰려든 이유도 저크버그가 세상의 변화를 위해서 열성적으로 몸부림치는 데 공감했기 때문이라는 것이다.

일단 저지르는 것이 아무 일도 하지 않는 것보다 훨씬 낫다고 생각한다. 옳다고 생각하거나 믿으면 끝까지 밀고 가라고 주문한다.

마침내는 신념을 지닌 사람이 승리한다고 믿는다. 시대를 이끄는 리더의 필수 조건은 바로 확신에 찬 신념임을 저크버그는 페이스북을 통해 보여 주었다.

스티브 잡스는 저크버그를 20대 젊은 사업가이자 CEO로 존경하였고, 구글의 래리 페이지, 마이크로소프트의 빌 게이츠도 저크버그를 유능한 기업가로 극찬하였다.

저크버그의 삶과 그가 일하는 방식은 참으로 괴상하다는 것이 주변 사람들의 이야기이다.

열아홉 어린 나이에 단돈 35달러로 덜컥 일을 저질로 놓고 7년 만에 억만장자가 된 그의 일 처리는 괴상한 것을 넘어 황당하고 멍청하다는 말이 더 어울릴지 모른다고 한다.

전 세계 10억 명의 사용자를 이어주는 페이스북은 세계 최대의 소셜 네트워킹 서비스로 확고한 자리를 굳혔다.

날마다 로그인하는 액티브 회원만 수억 명을 넘어섰고, IT 업계의 절대 강자인 구글, 야후, 아마존닷컴을 위협하면서 어깨를 겨누는 존재로 떠올랐다.

불과 7년 전만 해도 하버드대학교 2학년생 애송이었던 그가 글로벌 대제국을 세우고 10억 명에게 일방적 지시 명령을 내리는 존재가 되리라고 예측한 사람은 아무도 없었다.

더구나 그 철부지 청년이 재미 삼아 만든 온라인 친목 사이트 하나가 이토록 놀라운 속도로 성장하리라고 예측한 사람도 또한 없었다.

02 빛과 그림자

저크버그가 페이스북을 시작한 것은 정말 소박하고 단순했다.

페이스북이라는 말의 뜻은 얼굴 사진이 실려 있는 학교 동창회 명부를 뜻한다. 페이스북은 얼굴이라는 영어 단어 페이스face와 책이라는 단어 북book의 합성어이다.

하버드대학교가 온라인 명부를 만드는 데 지지부진하고 있을 때, 재학생이었던 마크 저크버그가 직접 나서서 사이트를 계발했고, 오늘날에 이르게 된 것이다.

현재 페이스북의 기업 가치는 얼마나 될까?

2012년 2분기에는 기업 가치가 무려 1,000억 달러, 우리나라 돈으로는 110조 원을 훌쩍 넘어섰다. 그런데 페이스북 지분의 24%를 가지고 있는 저크버그의 재산은 240억 달러, 우리나라 돈으로

27조 5,000억 원 이상이라는 계산이다.

저크버그는 여전히 베일에 가려진 인물로 소개되고 있다. 그러나 억만장자가 된 뒤 결혼하면서 많이 공개되었지만, 그의 삶은 아직도 오리무중 같다.

IT 업계의 한 획을 그은 인물에 대한 찬사와 기대감으로 마크 저크버그를 설명하는 수식어는 화려하다. 그에게는 마크 저크버그라는 본 이름 이외에도 여러 가지 명칭으로 불린다.

'포스트 잡스', '제2의 빌 게이츠', '천재 프로그래머', '최연소 억만장자', '페이스북 대통령' 같은 것들이다.

사실 무명이었던 젊은 기업인이 〈타임〉지에서 '2010년 올해의 인물'로 스티브 잡스가 아닌 마크 저크버그를 선정하면서 그에 대한 관심은 더욱더 커진 것이다.

그러다가 최근에는 세계에서 가장 영향력 있는 인물 1위로 〈포브스〉지에서 선정하여 그의 명성을 최고조로 떠올랐다. 그러나 이러한 관심과는 반대로 그에 대해 알려진 사실이나 자료는 생각보다 많지 않다는 것이 사실이다.

더구나 저크버그의 성공 신화를 담은 영화 〈소셜 네트워크〉의 주인공 캐릭터를 통해 마크 저크버그를 파악하는 데에는 실제 모습과 상당한 거리가 있다는 이야기가 영화 평론가들의 입을 통해 세상에 전해졌다.

영화 속 주인공은 사교성에 심각한 결함을 지닌 괴짜 천재로 묘사되지만, 저크버그의 실제 모습은 밝고 사교적인 성격이다. 또한, 고등학교 시절에는 학교 펜싱부 주장으로 카리스마 넘치는 리더십을 보여 주었다.

아울러 누나와 두 명의 여동생들과 함께 성장하면서 사랑과 배려를 자연스럽게 익힌 커뮤니케이션의 달인이라는 사실이 전해져 화제가 되기도 했다.

퍼스널 컴퓨터밖에 모르는 괴짜 천재가 아니라 고전문학은 물론 히브리어와 라틴어를 좋아하는 인문학 마니아였고, 사람과 심리학에 관심이 많아 하버드대학교에서 복수 전공으로 심리학을 선택했던 사연까지 알려졌다.

복수 전공으로 심리학을 선택했던 이면에는 그가 그렇게 놀라운 초고속의 빠른 속도로 페이스북을 성장시킬 수 있었던 또 다른 면이 숨어 있었음을 보여주는 대목이다. 그는 이렇게 알찬 내면과 균형 있는 지식으로 탄탄하게 무장한 한 젊은 지식인이었던 것이다.

일본의 IT 전문 경제·경영 베스트셀러 작가 구와바라 데루야가 바라본 저크버그의 성공 비결은, 미래 비즈니스의 새로운 룰과 기회 요인을 잡고 실행에 옮겼다는 것이다.

구와바라 데루야가 저크버그를 보고 난 뒤에 밝힌 내용의 일부이다.

"저크버그가 너무나 빠른 세월 단숨에 억만장자가 된 성장 덕분에 이제껏 한 번도 집중력 있게 분석해 보지 못했다. 그런 탓에 저크버그에 관한 이야기를 분명한 정보들을 바탕으로 통찰력 있게 다룬다는 것이 무척 어려웠지만 자기 계발에 철저한 젊은 지식인이라는 것만은 분명하다."

미래의 꿈을 일찍이 실현한 기업인이다. 저크버그의 말과 행동, 그리고 사고방식을 바탕으로 그의 성공 비결을 분석한 결과 그는 탁월한 능력을 가진 최고 경영자이다.

더욱 흥미로운 사실은 IT 비즈니스의 세계에서 가장 드라마틱한 모습을 보여 주고 있는 한 인물이라는 점이다. 제2의 저크버그를 꿈꾸는 젊은이들이 그를 통해 IT 업계의 놀라운 가능성과 미래 기업의 조건을 함께 체득할 수 있을 것이다.

그는 초고속 업무 비결을 지닌 인물이다. 일에 대한 속도 감각이 무척 빠르다. 더구나 자신감이 성공에 가속도를 붙였다.

저크버그의 성공 비결은 일을 추진할 때 보여준 남다른 속도 감각에서 찾아야 한다. 대부분의 사람들은 인생의 전환기가 오는

데도 그것을 깨닫지 못한다. 설령 깨달았다고 하더라도 용기 있게 질주하지 못하기 때문에 성공에서 점점 멀어지게 된다.

그러나 저크버그는 인생의 전환기가 찾아온 순간 그것을 깨닫고 모든 힘을 다해 전속력으로 달려나갔다. 그가 이처럼 전속력으로 달릴 수 있었던 데에는 모든 것이 갖춰진 것이 아니라 용기와 의지의 힘이다.

대부분의 사람들은 시간이 없다거나 돈이 없다고 둘러댄다. 어떤 사람은 아이디어가 부족하다며 스스로 자포자기를 한다. 하지만 그는 "시간은 쓰기 나름이다. 시간이 없으면 짧은 시간 안에 일을 마치도록 노력하라."라고 말한다.

또 "돈이 부족하면 값싼 재료로 만들면 된다. 해결해야 할 문제가 생기면 아이디어를 짜내라. 그런 노력도 없이 일이 잘되기를 바라는 것은 정말 바보스러운 짓이다."

결코, 뒤를 돌아보지 마라. 뒤를 돌아본다는 것은 점점 후퇴하는 것이다. 그는 뒤를 돌아보지 않고 앞만 보면서 힘차게 달렸다.

그는 폭풍이 휘몰아치듯 아주 짧은 기간에 집중해서 일한다. 그런 업무 스타일은 하버드대학교 기숙사에서 대학 내 소셜 네트워킹 서비스로 시작한 페이스북을 불과 몇 년도 안 되는 짧은 시간에 엄청난 플랫폼으로 발전시켰다. 일에 대한 자신감과 긍정적으로 생각하는 낙관주의가 성공의 날개를 달아주고 가속도를 붙여 주었다.

저크버그의 성공 열쇠

저크버그의 성공 신화 열쇠는 초고속 업무 처리가 그 비결이다. 성공의 키워드는 단순함이다. "필요한 것만 남기고 모조리 없애라!" 라는 것이 업무 처리의 최우선 원칙이다.

저크버그는 스티브 잡스가 말한 "진정한 아름다움은 덧붙일 것이 없어졌을 때가 아니라 깎아낼 것이 없어졌을 때 드러난다." 라고 한 명언을 좌우명처럼 여겼다.

페이스북이 세계 최대의 소셜 네트워킹 서비스로 성장할 수 있었던 주요 요인은 단순하고 편리하게 사용할 수 있는 인터페이스가 그 바탕이다.

"자유로워야 한다, 단순해야 한다, 아름다워야 한다." 라는 것이다.

03 실리콘밸리의 블랙홀

페이스북은 13세 이상이면 누구나 가입하고 이용할 수 있다는 점이 매력이다.

가입할 때 이름, 이메일, 생년월일, 성별 입력만으로 간단하게 회원이 된다. 친구 맺기를 통해 많은 사람과 소셜 네트워킹 웹에서 만나 여러 가지 관심사에 대해 이야기를 나누고, 알고 싶은 정보나 궁금한 정보를 서로 주고받는다.

그뿐만이 아니다. 다양한 자료를 공유할 수도 있다. 친구를 찾는 것도 손쉽게 이루어진다. 휴대전화 번호나 이메일 주소를 알고 있는 사람과는 자동으로 이어진다. 친구를 찾고 싶다는 신청만 하면 쉽게 친구가 될 수 있다.

얼굴 등 외모보다는 속도를 중시한 것도 빠르게 만나고 사귈 수 있다는 요인이다. 외모를 예쁘게 꾸미기 위해 이것저것 추가하는 사항이 많으면 정작 가장 중요한 페이지를 여는 속도가 느려질 수밖에 없다. 이러한 일은 곧 퇴보를 의미하는 것이 된다.

페이스북이 가장 단순한 디자인과 서버 보충에 전력을 다한 이유도 바로 이런 결점을 없애자는 것이다.

초고속 업무 비결을 뒷받침하는 또 다른 요인은 가입자들이 실명 공개의 조건을 수용하였고, 플랫폼을 개방한 것이다.

여기에다가 투명성과 평등함, 그리고 모두에게 플러스를 안겨 준다는 서비스 원칙도 톡톡히 한몫했다.

그래서 페이스북은 실리콘밸리의 블랙홀로 불린다. 엄청난 자본과 가장 우수한 인재들이 페이스북으로 몰리고 있기 때문이다.

페이스북 이전의 SNS 사이트들은 대부분이 실명을 밝히지 않는 비공개주의를 채택하여 여러 가지 잡음이 많았다.

하지만 저크버그는 과감하게 이름과 주소를 밝히고 실명 공개주의를 들고 나온 것이다. 이에 가입자들이 신뢰성을 가지고 몰려들었다.

저크버그는 이렇게 말했다.

"가상의 공간이라고 해서 상대방에 따라 자신의 이름을 가명으로 하는 것은 인격을 바꾸는 일이라 진실하지 못하고 불성실하다.”

저크버그는 이런 생각 아래 실명을 밝혀야 가입을 허용한다는 원칙을 철저하게 지켜 나아갔다. 이렇게 함으로써 신분을 속인 범죄의 꼼수는 물론, 스파이웨어 프로그램에 노출될 수 있는 위험 부담을 원천적으로 막아, 이용자들로부터 신뢰와 환호를 받게 되었다.

저크버그는 페이스북을 통해 지구촌 사람들이 서로 만나고 개인 신상과 다양한 정보를 주고받으면서 즐겁게 교류하는 글로벌 세상을 구축하기 시작했다.

페이스북을 통한 글로벌 왕국의 꿈을 현실로 옮기는 작업을 전개한 것이다.

또한, 페이스북의 플랫폼 공개를 통해 글로벌 왕국의 꿈과 목표를 향해 한 발자국 한 발자국씩 앞으로 나아갔다.

저크버그에게 있어서 페이스북의 실명과 플랫폼 공개는 억만장자를 향한 도전적인 사건이다.

그는 페이스북을 처음 만든 초창기부터 페이스북을 마이크로소프트의 윈도나 애플의 매킨토시처럼 개방적으로 만들어야 한다는 생각을 했다.

“과연 어떻게 만들어야 상대들을 제치고 앞서 나갈 수 있지?”

여러 날 고민이 계속 이어졌다. 그리고 그 꿈을 실현하기 위한 아이디어가 떠올랐다.

마침내 2007년 5월 24일, 페이스북 개발자 회의에서 기본 원칙을 정한 뒤, 그 원칙을 선언했다.

"페이스북은 가상의 공간이다. 그렇다고 해서 이름을 숨기고 상대방과 교류하는 일은 성실하지 못하다. 우리는 페이스북의 실명과 플랫폼 공개를 원칙으로 한다."

실명과 플랫폼 공개 선언은 그 당시 테크놀로지 업계에서 애플의 아이폰 발매와 함께 가장 뜨거운 화제가 되었다.

그로부터 반년 만에 25만 명이 가입하고 2만 4,000개나 되는 애플리케이션이 개발되면서 가히 폭발적 위력을 떨쳤다. 이를 바탕으로 다양한 애플리케이션을 위한 플랫폼으로 발전하고 진화하면서 페이스북도 새로운 시스템의 인터넷으로 당당하게 이름을 올렸다.

더구나 황금보다 광맥을 찾자는 일이 또 하나의 초고속 업무 비결의 핵심으로 등장했다.

여기서 저크버그의 놀라운 천재성이 번쩍거렸다.

"마크 저크버그! 성공의 두뇌를 갖고 태어난 천재이다!"

"천재적인 두뇌와 젊음의 용기로 꿈을 현실로 바꾸었다."

테크놀로지 업계에서 그에게 보낸 놀라움의 찬사였다.

그처럼 천재적인 두뇌와 젊음의 용기를 밑천으로 상상의 꿈을 현실로 이룩하는 일이 가능했다고 많은 사람이 생각했지만, 그 뒤에는 엄청난 노력이 숨어 있다.

저크버그는 자신 있게 외쳤다.

"인터넷은 사람과 사람을 이어주는 문명의 도구일 뿐, 그 이상도 이하도 아니다."

그래서 사람과 사람을 연결하는 새로운 도구이고, 커뮤니케이션을 원활하게 해 주는 것이 페이스북의 사명이라고 강조했다.

이런 사명 의식 아래, 오늘을 살아가는 사람들이 무엇에 관심이 있는지를 연구하는데 정성을 쏟았다.

하버드대학교 재학생 시절에, 누가 어떤 강의를 듣고 있는지 알 수 있는 '코스매치'를 개발하면서 이미 그의 천재적 사업성의 새싹을 보여 주었다.

또 다른 예로 2005년 도입한 사진 공유 서비스도 바로 그 새싹을 화려하고도 참신하게 틔워주는 비타민 역할을 했다.

이미 궤도를 구축한 다른 회사에서도 비슷한 서비스를 하고 있었지만, 태그로 달 수 있는 키워드는 실명을 밝히는 것이 아니라 장소나 날짜 등이 고작이었다.

천재인 저크버그는 여기서 새로운 차별화를 생각해 냈다.

"모든 사람들의 관심사는 언제나 사람이 중심이다. 사진의 주인공이 누구인지 알 수 있도록 이름을 태그로 달 수 있게 만들어야 한다."

그 생각은 적중했다. 이 아이디어는 놀라운 힘을 내면서 성공의 날개를 달아 주었다.

특히 여대생들이 환호하면서, 선풍적인 인기를 끌었다. 단체 사진과 파티 사진이 올라오고 아기자기한 태그가 달렸다. 페이스북은 폭발적인 속도로 성장의 날갯짓을 힘차게 펄럭거렸다. 페이스북의 엄청난 성공의 한복판에는 언제나 저크버그의 천재성이 초스피드 업무 기술에 맞춰져 있다.

인생의 전환기가 찾아온 순간 그것을 깨닫고 전속력으로 달리고 싶은 젊은이들의 충동과 이러한 변화를 바로 전달해 준 것이 페이스북이다.

빠르게 흘러가는 현대 사회 속에서 힘겹게 살아가면서 혼란과 정체를 겪고 있는 젊은이들에게 성공의 실마리를 찾아 주는 열쇠를 던져준 사람 가운데 한 명이 바로 저크버그이다.

04 진화의 물결

"미래 사회의 플랫폼은 어떤 모습일까?"

오늘을 살아가는 사람들에게는 플랫폼의 미래가 궁금하다.

소셜 네트워킹 웹의 제왕 페이스북은 확실하게 참여와 개방의 상징이다. 그동안 테크놀로지 업계에서는 마이크로소프트와 애플, 구글이 IT 세계의 패권을 다퉈왔다.

그런데 느닷없이 페이스북이 등장하면서 새로운 시대의 비즈니스 플랫폼의 무대를 새롭게 펼쳐가고 있다.

페이스북은 변화의 빠른 물결을 선도하면서 강력한 비즈니스 플랫폼으로 글로벌 세상을 진화시키고 있다.

그 괴력의 페이스북과 엄청난 속도로 혁신을 총괄 지휘하는 저크버그의 실제 상황의 이야기는 새로운 마케팅 플랫폼을 찾는 마케터들은 물론 변화에 창조적으로 대처하려는 모든 젊은이들에게 신선한 자극과 충격, 그리고 도전 의식의 불길을 댕겨준 것만은 확실하다.

"저크버그 개인의 말과 행동, 생각은 과연 어떤 것일까?"

소셜 네트워킹 웹은 우리들의 일상생활은 물론 기업의 비즈니스 방식에까지 혁명적인 변화를 안겨 주었다. 그 중심에 있는 페이스북과 저크버그를 살펴보는 일은 재미있고 박진감이 넘친다.

더욱 특별한 이유는 일반 상식의 틀을 깨는 데 있다. 저크버그의 혁신적 사고를 그의 행동과 말을 통해 알고 또 이해하는 것은 궁금한 미래의 플랫폼으로 달려가는 열쇠가 되기 때문이다.

많은 사람은 저크버그가 어떤 일을 생각할 때 무척 빠르고도 정확하고 대담하게 실행하는 데 우선 놀란다. 그리고 그의 사고와 열정에 감탄한다.

저크버그가 강조하는 말 가운데 한마디는 "일의 속도감을 즐기면 미래가 보인다!"라는 말이다.

"저크버그는 어떻게 열아홉 어린 나이에 페이스북을 생각하고 만들었으며, 세계 최강의 SNS로 성장시켰을까?"

그는 하버드대학교 기숙사 방에서 일주일 만에 뚝딱거려 페이스북을 만들었으니 세상에 그런 천재가 또 있을까? 그러나 숨은 천재는 수없이 많을 것인데, 아직 나타나지 않고 있을 뿐이다.

2004년 2월 4일, 드디어 더페이스북 서비스를 시작했다.

돈과 정보, 조직까지 모두 장악한 하버드대학교 당국이 오랜 시간 정성을 쏟고도 해내지 못한 일을 맨손의 기술과 탁월한 아이디어로 그가 실현한 것이다.

게다가 프로그램을 만드는 데 걸린 시간은 하룻밤만으로 충분했다. 그래서 일주일이란 말은 헛소리가 아니었다.

그는 외쳤다.

"무엇인가를 개선하려면 틀을 깨뜨려라!"

사실 그는 하버드대학교에 입학한 뒤 페이스 매시 프로그램이라는 생뚱맞은 비윤리적 사이트로 하버드대학교를 발칵 뒤집어 놓으면서 혜성처럼 이름을 날렸다.

그리고 하버드대학교 기숙사의 모든 여대생 사진을 해킹하여 이상형 월드컵과 같은 사이트를 만들어 하루 만에 2만 3,000명의 접속을 이끌어내면서 하버드대학교 서버를 완전히 다운시켜 버렸다.

여대생 친구에게 버림받고 분풀이인지 장난기인지 헷갈리는 상황에서 만든 것이 엄청난 회오리바람을 일으킨 것이다.

그렇게 일주일 만에 만들어낸 페이스북이 불과 7년 만에 100조

원이 넘는 기업으로 하늘 높이 날아 올랐으니, 젊은 저크버그의 놀라운 혁신 비결이 지구촌 사람들의 입에 오르내리는 것은 지극히 당연한 일이 아닌가.

인류 역사상 가장 빠른 속도로 성공 신화를 기록한 그의 이야기는 모든 기업의 CEO는 물론, 미래 창조의 예비 CEO들에게도 미래의 새로운 시대를 열어갈 꿈과 지혜, 그리고 예리한 통찰력을 키워 가라는 강한 메시지를 전달하고 있다.

지금 페이스북은 전 세계가 가장 주목하는 신비의 기업이다. 태어난 지 만 7년 만에 전 세계를 휩쓴 것도 불가사의한 일인데다가 지금 온라인 글로벌 왕국을 호령하고 있는 것도 신통하기 이를 데 없기 때문이다.

이러한 페이스북의 초고속 성공 신화의 비결에 대해 세계의 내로라하는 기업의 회장들이 의문점을 던지고 있다.

"저크버그는 최연소 신인이다. 그는 최단 세월 안에 최고의 억만장자로 혜성처럼 등장한 인물이다. 그런 일이 20대 젊은이의 천재성 하나만으로 과연 가능한 일일까? 세계 기업 역사에서는 전무후무한 불가사의다."

과연 옳은 지적인지 모른다.

페이스북의 성공 신화 비결은 그의 천재성뿐만 아니라 남다른 빠른 대응력과 미래를 바라보는 날카로운 통찰력, 그리고 모든 일에서 사람을 그 중심으로 여긴 점이 그 핵심이다.

그는 한때 스티브 잡스를 창업의 우상으로 여기면서 스티브 잡스의 간결과 집중적인 능력을 흠모하고 닮으려고 노력했다는 일화가 있다. 그래서 스티브 잡스를 닮으려고 무진 애를 썼고 마침내 일을 해냈다. 그리고 외쳤다.

"실패하는 것보다 실패가 두려워 행동으로 옮기지 않는 것이 더 큰 죄다!"

저크버그가 스티브 잡스를 한때 창업의 우상으로 여겼던 것처럼, 스티브 잡스도 저크버그에 대해 찬사와 격려를 아끼지 않았다.

"저크버그를 20대 청년 CEO로 가장 존경한다."

저크버그는 마이크로소프트와 애플이 강력한 이유를 그 플랫폼에서 찾았다. 사용할 수 있는 애플리케이션이 방대하다는 것을 깨달았다.

새로운 애플리케이션도 수없이 개발되고 있다. 이와 더불어 신진대사도 무척 빠르게 진행되고 품질도 언제나 최고 수준을 자랑한다.

두 회사의 플랫폼은 개방적이다. 그래서 이용자들은 누구나 애플리케이션을 개발할 수 있다. 페이스북도 플랫폼을 개방해 다양한 애플리케이션을 개발할 수 있는 환경으로 진화할 필요를 느꼈다.

당시의 SNS는 열려 있는 것이 아니라 닫혀 있는 세계였다. 대부분이 플랫폼의 공개를 생각도 하지 않고 있었다. 그런 상황 속에서 저크버그는 주먹을 불끈 쥐고 큰소리로 외쳤다.

"지금 SNS의 모든 플랫폼은 닫혀 있다. 오늘 우리는 여기에 마침표를 찍는다."

사람들의 숨은 욕망을 자극하고 흔들어 버렸다. 마음을 사로잡는 사람이 가장 많은 수확을 얻는다고 확신한 것이다.

저크버그의 신통한 생각은 절묘하게 들어맞았다.

05 잡스를 모델로

"마크 저크버그가 사업 모델로 삼고 존경한 스티브 잡스는 어떤 인물일까?"

스티브 잡스Steve Jobs의 본명은 스티븐 폴 잡스Steven Paul Jobs이다.

잡스는 1955년에 태어나 2011년에 세상을 떠났다. 애플을 만들고 이사회 의장까지 지냈다. 2012년에는 제54회 그래미상 시상식에서 평생 공로상을 받았다.

미국 캘리포니아 샌프란시스코 출생인 그는 애플 컴퓨터사의 공동 창립자이자 개인용 컴퓨터 시대를 이끈 카리스마 넘치는 선구자이다.

1974년 가을 실리콘밸리로 돌아온 잡스는 당시 휼릿 패커드사에 근무 중인 고등학교 동창 스티브 워즈니악을 다시 만났다.

| 스티브 잡스

　스티브 잡스는 워즈니악으로부터 컴퓨터 연산제어장치(로직 보드) 설계에 관한 이야기를 듣고, 그 자리에서 함께 일하자고 말했다.

　"나와 함께 일할 생각은 없나?"

　그러나 그는 의사를 밝히지 않았다.

　그리고 자기 회사 사장에게 연산제어장치를 채택해 줄 것을 제안했다. 회사가 공식적으로 거절하자, 그는 잡스와 손을 맞잡고 사업을 시작했다.

그들은 자신들의 로직 보드를 '애플Ⅰ'이라고 이름 붙였다. 그리고 스티브 잡스의 집 창고에서 개발 작업에 들어갔다.

창업 자본금은 스티브 잡스의 폭스바겐 미니버스와 워즈니악의 고성능 계산기를 판매한 돈이 전부였다.

스티브 잡스는 멀지 않은 장래에 개인용 컴퓨터가 대중들에게 광범위한 호응을 얻게 될 것임을 확신한 최초의 기업가였다.

하지만 초기의 그 기계는 중학교 과학 전시회에나 출품할 정도에 불과했다. 그래서 아무도 눈여겨보지 않았다.

"이런 형태로는 시장성이 없겠다. 뜯어고치자."

스티브 잡스의 격려를 워즈니악이 받아들였다. 키보드까지 갖추어 새롭게 개선된 모델 '애플Ⅱ'를 만들어냈다. 거기다가 매끄러운 플라스틱 재질로 된 커버 케이스를 만들어 전체를 그 안에 담아 놓았다.

본래 스티브 잡스는 헝클어진 머리카락에 텁수룩한 수염, 그리고 정장 입기를 싫어하는 스타일인데, 새로 개발한 제품만은 깨끗하고 정결한 외모를 갖추었다. 그리하여 유통과 홍보에 필요한 기본 틀을 그럭저럭 갖추어 나갔다.

애플 컴퓨터는 1977년 주식회사로 전환했다.

애플Ⅱ라는 이름의 기계는 개인용 컴퓨터의 폭발적 인기와 동일한 의미로 쓰이면서 날개를 달고 팔려나갔다. 불티나게 팔리면서 곧바로 성공을 거둔 것이었다.

1981년 회사는 주식 공모의 신기록을 세웠다.

그리고 1983년에는 역사상 최단 시간 내에 〈포춘Fortune〉지 선정 '미국의 500대 기업 진입'이라는 놀라운 기록을 달성했다.

1983년 펩시콜라의 대표 존 스컬리를 최고경영자로 영입했다.

그때 스티브 잡스는 스컬리에게 "남은 일생 동안 설탕물이나 팔면서 살기를 원하십니까?"라는 매우 도전적인 질문을 던지면서 회사의 최고경영자로 영입해 화제를 모았다.

같은 시기에 스티브 잡스는 애플 역사상 가장 중요한 프로젝트를 이끌었다. 애플의 개발자 몇 명으로 이루어진 소그룹을 이끌고 그래픽 사용자 인터페이스가 어떻게 컴퓨터 사용을 보다 쉽게 하고 좀 더 효율적으로 만들 수 있는지를 알아냈다.

업무용 컴퓨터인 리사를 설계하고 있던 개발팀을 떠나서 좀 더 저렴한 가격의 컴퓨터를 개발하는 소규모 그룹을 이끌었다.

하지만 스티브 잡스는 완전히 다른 새로운 컴퓨터 개념인 매킨토시가 장차 인기를 끌게 될 것이라는 확신을 가졌다. 스티브 잡스는 개발팀 직원들의 자유를 존중해 주었고, 그들 각각을 창의적 아이디어로 개발에 이바지하는 예술가로 대우했다.

그러나 그의 디자인 감각은 아주 엄격하고도 단호하여 협상이라는 틈을 주지 않았다. 그는 한때 내부 회로 보드의 디자인이 세련미가 없고 매력적이지 않다고 판단하고 다시 디자인하라고 강력하게 지시하는 등 철저한 리더십을 발휘했다.

"매킨토시는 대충 좋은 것이 아니라 기막히게 훌륭한 컴퓨터여야 한다."

이 말은 그의 명언이자 고집으로 유명해졌다.

1984년 1월 아주 매력적이고도 멋지게 기획된 신제품 발표회를 열었다.

여기서 직접 매킨토시를 열정적으로 소개하여 찬사를 받았다. 이때의 발표회는 특별한 홍보 캠페인의 전설로 기록될 정도로 화려하게 펼쳐졌다. 그리고 마케팅 이벤트의 새로운 전형으로 꼽히게 되었다.

하지만 최초로 출시된 매킨토시는 성능에 비해 값이 너무 비싸다는 저항에 부딪혔다. 그로 말미암아 매킨토시의 매출 결과는 무척 실망스러웠다.

애플은 꾸준히 기계를 개선하여 매킨토시를 모든 후속 컴퓨터들을 아우르는 주력 상품으로 키웠다.

하지만 회사는 가격 저항에 신속하게 대처하지 못한 책임을 물어 1985년 스티브 잡스를 쫓아냈다.

회사에서 쫓겨난 스티브 잡스는 "실망은 파멸이다. 나는 기어코 해낼 것이다."라며 또 다른 회사인 넥스트사를 창업하고 오뚝이처럼 일어섰다.

1990년대 초반에 혁신적인 소프트웨어 시스템인 넥스트스텝에 회사의 역량을 집중했다. 그 후 10년에 걸쳐 회사를 키우고, 1995년에 컴퓨터 그래픽만으로 완성시킨 애니메이션 영화 〈토이 스토리Toy Story〉가 대성공을 거둔 데 이어, 1995년 픽사Pixar의 주식을 공개하면서 스티브 잡스는 처음으로 억만장자 대열에 합류했다.

그는 이전에 치료받았던 췌장암이 간으로 옮겨진 탓에 건강이 악화되었다. 2011년 1월 또다시 병석에 누웠다가 그해 8월 최고경영자를 사임하고 회장으로 일선에서 물러났다.

그해 10월 5일 지병으로 사망했다.

연산제어장치

  컴퓨터는 하드웨어와 소프트웨어로 구성된다. 하드웨어는 제어
장치, 연산장치, 주기억장치, 입력장치, 출력장치 등 5개 부분으로
이루어진다.

  연산장치는 프로그램의 명령에 따라 사칙연산과 산술연산을 비
교 판단하여 자료를 변형시켜주는 장치이고, 제어장치는 기억된 프
로그램의 순서에 따라 그 명령을 해독하여 각 기관에 제어 신호를
보내며 시스템 전체의 작동을 지시, 제어, 감독하는 장치를 말한다.

지혜의 큰 눈

01 천재도 감당 못 해

세상의 모든 일은 그 규모가 크거나 작은 것을 가릴 것 없이 절차가 있다. 더구나 비즈니스는 비전과 능력만으로 할 수 있는 일이 아니다. 운영 자금, 곧 돈이 필요하다. 그런데 돈에도 종류가 있다.

돈의 종류는 미국의 달러나 한국의 한화, 일본의 엔화 같은 나라별 화폐의 개념이 아니라 운영에 필요한 자금과 운영을 통해 들어오는 돈, 곧 벌어들이는 수익금이다.

자금은 일을 진행하기 위한 절대 수단이지만, 수익은 일정하게 정해지는 것이 아니다. 이익이 생겨야만 사업이 번창할 수 있는 힘을 넣어 주는 활력소가 된다.

그러나 수익이 예상한 수준에 밑돌게 될 경우에는 때때로 사업을 약화시키거나 사업을 망치기도 하는 괴물로 변한다. 하지만 수익의 유혹은 매우 강렬하다. 어떤 가난한 사람이 고생하면서 새로운 제품을 만들었다고 생각해 보자.

누군가가 그 물건을 보고 "와! 대단한데, 100만 달러에 파시오!"라고 제안했다.

대부분의 사람들은 그 제안에 따라서 망설임 없이 팔 것이다. 일단 이익이 손에 들어오니까 뒷일은 나중에 생각할 것이다. 그러나 저크버그의 생각은 달랐다.

"100만 달러라고요? 어림없소! 적어도 1억 달러라면 모를까? 말도 안 되는 제안이오."

사실 저크버그도 페이스북 창업 초기에는 운영 자금이 부족해 무척 고통을 겪었다. 그때 사업권을 인수하겠다는 자본가가 나타났던 것이다. 그러나 제안하는 가격이 마음에 들지 않아 거절하고 그 다음 단계를 구상하였다. 그리고 명언을 던졌다.

"눈앞의 이익보다 종합적인 이익을 따져봐야 한다!"

그 다음 단계가 뜻대로 이루어지고 빠르게 성공의 길로 접어들어 활기차게 달리기 시작했다. 페이스북은 2008년에 총수익이 3억 달러에도 미치지 못했다. 그런데 2009년에 5억 5,000만 달러로 불어났다. 그때 한 사람이 요구했다.

"더 많은 수익을 올려야 한다!"

그 목소리에 저크버그는 대답했다.

"페이스북의 광고 면적을 다른 검색 포털과 비교해 보기 바란다. 우리 광고 공간은 다른 포털의 절반으로 평균 10%도 되지 않는다. 하지만 다른 곳은 평균 20%를 차지한다. 늘리려고 마음만 먹으면 언제든지 크게 늘릴 수 있다. 그러나 그것은 우리가 바라는 바가 아니다. 우리가 원하는 속도로 사업을 확대해 나가고자 한다. 기다려라!"

저크버그는 CEO가 해야 하는 일 가운데 중요한 일의 하나는 우수한 인재의 영입이다. 회사 밖에 있는 A급 인재를 영입하여 사내에 있는 B급 이하의 인재와 교체하여 인재의 질을 높게 유지하는 것이라고 생각했다.

그런 생각을 택시기사, 디자이너, 프로그래머의 능력 차이를 예로 들었다.

"좋은 택시기사와 평범한 택시운전사의 차이는 불과 2배 또는 3배 정도이다. 그러나 좋은 디자이너와 평범한 디자이너의 차이는 100배 정도가 차이가 나며, 우수한 프로그래머와 평범한 프로그래머의 차이는 200배에 이른다."

저크버그 자신은 우수한 특급 인재의 영입을 마치 기업의 신앙처럼 열렬하게 신봉하는 사람이다. 그 자신이 천재 신동으로 불릴 정도로 뛰어난 프로그래머 출신이다. 그런 만큼 젊고 유능한 프로그래머를 채용하고 싶어 하는 욕망이 강하다. 그런 욕망은 그가 밝힌 다음 말에서 읽을 수 있다.

"유능한 해커 한 명은 엔지니어 열 명 또는 스무 명과 같다. 회사가 날로 지속적인 발전과 성공을 거듭하기 위해서는 그저 그런 사람과 손을 잡을 것이 아니라 보다 우수한 인재와 손을 잡아야 한다. 그저 그런 사람과 손잡으면 그저 그런 회사가 되고 말 것이다."

어떤 단어를 검색할 때 수백 번 또는 수천 번, 수만 번에 이르는 결과가 나타나면 사용자가 그 가운데서 스스로 답을 찾는 것을 '풀 모델'이라고 한다.

구글이 지향하고 있는 목표는 전 세계의 웹 페이지를 모두 모아서 사용자가 희망하는 답을 제공하는 것인데, 그것도 단 하나의 완전무결한 답으로 제공하는 것이다. 그렇게 하려면 수많은 결과에서 그 답을 끌어내야 한다. 이런 작업을 해서 찾아낸 것이 '푸시 모델'이다.

이는 친구들이 서로 새로운 정보를 가르쳐주면서 정보를 주고받는 방향이라, 밀어주기 방식이라고 한다. 그러나 그 자체가 현실적이 아니라는 지적이 높다. 그래서 새로운 고민이 일어나고 있다.

밀어주기 방식으로 한다면 손쉽게 원하는 답을 얻을 수 있다는 이로운 점이 있다. 이를 보완한 것이 페이스북이다. 바로 사람을 연구한 결과물이라는 것이다.

이에 대해 저크버그는 "여러 명이 지혜를 모으면 천재도 감당 못 한다!"라는 명언을 남겼다.

페이스북의 성공 신화는 현실 속에 없는 보이지 않는 길을 지혜로 헤쳐 나아가는 것이다. 보이지 않는 그 길을 오직 두뇌의 지혜로 뚫고 나아가는 것이다.

이름을 밝히는 실명주의를 고집하며 차례로 기능을 보태고 고쳐 나아갔다. 그렇게 하면서 지금 수억 명에 이르는 사용자를 확보했다. 놀라운 초고속 성장으로 보이지 않는 길을 달려왔다.

그러나 앞으로도 계속 성장하지 않으면 경쟁 회사에게 영광의 자리를 빼앗긴다는 것이 너무나 뻔하다. 아직 20대 젊은이를 벗어나지 못한 그가 그처럼 엄청난 스트레스로 고민하는 이유는 최고 경영자라는 무거운 책임감 때문일까?

물론 그럴 것이다. 또 그 책임감이 상당한 부담이 되고 있는 것도 피할 수 없는 사실일 것이다. 그러나 그것을 무거운 짐이라고 느끼면 견디지 못하고 쓰러질 것이다.

버팀목이 있다면 뜨거운 열정, 불굴의 의지, 강인한 추진력이다. 그것이 그를 스트레스의 고민으로부터 벗어나고 새로운 충전의 힘을 얻게 하는 버팀목이다. 아이러니하게도 그 열정의 모델이 그가 창업의 우상으로 섬긴 바로 스티브 잡스다. 젊은 억만장자 저크버그는 외쳤다.

"비록 둔재라 할지라도 천재를 흉내 내라!
뜨거운 열정도 중요하지만 그보다 더 중요한 것은 열정의 지속적인 충전이다."

페이스북의 성공 비결

  페이스북이 세계적으로 널리 이용되는 이유는, 인터넷은 편리하지만 사람을 고립시킨다는 기존의 관념을 깨고, 사람과 사람을 연결해 주는 커뮤니케이션의 자리를 제공했기 때문이다.

  테크놀로지는 인간의 생활을 풍요롭게 하는 것이다. 이 정신에 따라 페이스북이 인터넷으로 사람과 사람을 연결해 주는 수단을 끊임없이 추구해온 결과물이다.

02 세상을 바꾸는 힘

저크버그는 다양한 정보에 관해 이렇게 말했다.

"내가 하고자 하는 일은 한 사람 한 사람에게 자신의 목소리를 주자는 일이다. 우리보다 몇 세대 전의 사람들을 생각해 보라. 그들은 정보를 공유하지도 못했고, 자기 의견을 만족스럽게 전달하지도 못했다. 그러나 오늘날은 다르다. 정보를 공유하고 자기 의견을 활발하게 펼친다. SNS와 인터넷 덕분이다. 자신의 생각을 발표하고 한 사람 한 사람의 목소리를 지구촌 사람들 모두에게 들려줄 수 있게 되었다. 얼마나 놀랍고 또 행복한 세상인가?"

페이스북은 온라인상에서 지구촌의 국경을 허물어 놓았다.

하지만 페이스북에는 단점과 장점이 서로 공존한다. 그 장점은 친구와 팬들과의 친밀한 관계에서 발생하게 되는 높은 신뢰도를 자랑한다. 이를 바탕으로 빠른 소통과 피드백이 가능하다는 점이다.

그런데 그 무대가 국내에 국한된 것이 아니라 지도 위의 국경선을 훌쩍 뛰어넘어 전 세계의 사람들과 소통할 수 있는 SNS 공간을 제공한다는 점이 가장 놀라운 장점이다.

페이스북을 이용할 때에 기본적으로 살펴야 할 사항이 몇 가지 있다.

첫째, 개인 정보의 설정 과정이다.

방문자 누구나 사용자의 정보와 친구들이 남긴 글과 사진을 볼 수 있기 때문에 개인 정보의 유출 위험이 매우 높다는 것에 유의해야 한다.

둘째, 필요하지 않은 메일 전송에 유의해야 한다.

담벼락, 댓글, 친구의 소식 등 별로 필요하지 않은 안내 사항에 유의해야 한다. 메일로 전송할 때에는 메일 설정이 필수라는 점을 꼭 살펴야 한다.

셋째, 로그인에 유의해야 한다.

인터넷 창을 닫거나 퍼스널 컴퓨터를 종료한 뒤에도 로그인 상태가 그대로 유지되는 일이 있다는 것을 생각해야 한다.

그러므로 반드시 로그아웃을 하거나 로그인할 때에 로그인 상태 유지를 반드시 확인하고 체크 박스를 해지해야 된다.

페이스북에 들어가면 보이지 않는 손에 잡히게 되고 보이지 않는 눈에 정체가 드러나게 된다. 교묘한 가입 절차를 통해 개인 정보를 쉴 새 없이 제공하라는 요구를 받게 된다.

이렇게 수집한 개인 자료들로 새로운 친구를 만나게 되고, 보이지 않는 페이스북의 손에 의해 지배를 받게 된다.

담벼락에 남긴 글이나 자신의 프로필을 항상 새로운 친구들이 지켜보는데 정작 자신은 그걸 모른다. 현명하면 할수록 보이지 않는 손의 요구에 더 따르게 된다. 게시한 글 하나를 쓸 때에도 유의해야 한다.

그래서 페이스북을 이용할 때는 적어도 페르소나 현상과 사회적 정화의 효과라는 것에 신경을 써야 한다.

이용자들은 다른 사람의 시선을 의식한 나머지 자신의 프로필 사진, 생각, 담벼락에 남기는 글 한 자 한 줄까지도 매우 다듬게 된다.

그만큼 보이지 않는 제어에 지배를 받는 것임을 모른다.

더구나 개인 프로필을 다듬는데 정성을 들이는 것은 곧 자신의 개인 정보를 노골적으로 드러내는 결과가 된다는 것을 인식해야 한다.

이때 사용자는 자신의 프로필이 알몸 상태가 되어 페이스북에서 떠돌아다닐 것이라는 사실을 전혀 느끼지 못한다.

그러한 이유는 페르소나 현상 때문인데, 그걸 이용자들이 미처 생각하지 않는다.

예를 들면 내가 이용한 페이스북에 사진, 프로필, 담벼락 글 등이 일관된 규칙으로 정리되어 있는데, 이를 다른 사람들이 들어가 볼 수 있다는 것이다.

페이스북 이용자들은 실명주의를 반기지만, 신분의 노출에는 무감각해진다. 이름을 밝히지 않은 익명성 때문에, 악성 댓글이 지저분하게 뜨고 그로 말미암아 시달림을 받아온 이용자들은 페이스북의 실명주의에 만족한다.

그러나 적어도 한 가지는 꼭 명심해야 한다. 매우 호의적인 반면에 노골적으로 상업적이라는 것을 잊어서는 안 된다는 것이다.

또한, 사회적 정화의 효과라는 것에도 유의해야 한다.

사용자는 마음에 들지 않는 상대방에게 적개심 등을 품고 있다고 해도 그 심정을 쉽게 드러내지 않는다.

예를 들면 A라고 하는 보수적인 성향을 가진 이용자가 어느 날 뉴스 피드를 훑어보고 있는데, A의 얼굴을 화끈거리게 만드는 내용의 글들이 많이 떠올라 있는 것을 발견했다.

글 가운데는 A를 과격하게 비판하는 내용도 들어 있다. 그때 이미 보수적인 사람 A의 신분은 지금 페이스북에서 노출되어 수많은 사람이 오가는 광장에 서 있는 셈이다.

그 많은 사람 중에는 보수적인 A의 친구도 있고, 직장의 상사도 있고, 학교 선배도 있어서, A의 모습을 지켜보았다.

그렇다면 A는 어떻게 해야 하겠는가? 글을 올린 사람과 논쟁이 벌어질 수도 있다.

하지만 A가 할 수 있는 최선의 방법은 뉴스 피드를 무시해 버리거나, 해당 뉴스 피드를 올린 사용자를 차단하면 된다.

또 A가 마음속으로는 공격적인 비판을 퍼붓고 싶다는 생각이 들지만, 페이스북의 사회적 정화라는 것이 A의 분한 감정을 억누른다.

이런 까닭에 페이스북에는 강렬한 논쟁이나 비판보다는 호의적인 반응이 더 많이 눈에 들어온다. 이것을 사회적 정화의 효과라고 말한다.

사용자들은 페르소나 현상이나 사회적 정화의 효과에 제어를 받고 있는 페이스북이 얼마나 까다롭고 또 이해가 어려운지 잘 모르면서 당하는 경우가 많다.

기업에서 내건 '좋아요!'를 마구 클릭하지 않아야 한다.

가령 007 영화 〈카지노 로열〉의 주연 제임스 본드의 페이스북을 방문하면 그의 멋진 이미지를 볼 수 있다.

그때 본드의 프로필 이미지를 잘 살펴보면 가슴에 살짝 얹은 왼손 팔목에 차고 있는 최고가의 오메가 시마스터 시계가 보이고, 수천만 원대의 이탈리아 명품 슈츠에 나비넥타이를 한 모습이 바로 눈에 들어온다.

여기서 주의할 일은 제임스 본드의 이 사진은 무엇을 나타내려고 하는 것일까? 하는 점이다. 두말할 것도 없이 최고가 손목시계 오메가 시마스터와 명품 슈츠를 선전하기 위해서다. 철저한 상업적 이미지다.

이용자들은 페이스북에 처음 가입할 때 페이스북이 제공하는 가입 절차에 따랐을 것이다. 그러나 그로부터 상당한 시간이 흘러 지금은 그때의 가입 절차가 별로 기억에 남아 있지 않을 것이다.

만일 지금 다시 가입한다면 그렇게 까다로운 조건을 모두 받아들이면서 가입할 것인가?

03 신기한 모험

A라는 사람은 어느 날 친구 B에게 자기의 페이스북 주소를 알려 주었다. 그래서 B는 A의 페이스북을 구경하고 싶은 호기심이 넘쳐 A의 페이스북 주소를 클릭하였다.

A의 페이스북 주소가 떴다. www.facebook.com을 입력하여 초기 화면에 접속하였다. 그런데 초기 화면은 폐쇄성 그 자체였다. 여기서 일단 당혹감을 느꼈다.

개방형 메인 페이지에 익숙한 B는 A의 개인 페이스북 주소를 브라우저에 입력해 보았다. 로그아웃 상태에서 다음과 같은 메시지가 떴다.

"A님은 페이스북facebook 회원입니다. B님이 A님과 연락하려면 지금 곧 페이스북에 가입하세요."

그러나 B는 가입할 생각이 없다. 그저 호기심으로 구경하고 싶었을 뿐이다.

그런데도 A의 페이스북을 구경하고 싶은 생각을 지울 수가 없었다. 신기한 모험심이 발동하여 할 수 없이 요구 조건을 받아들여 가입 절차를 밟았다.

이처럼 지금 곧 가입하라고 유혹한다.

B는 가입 절차가 생각보다 쉽다는 느낌이 들었다.

"전 세계에서 10억 명이 가입한 페이스북인데, 어떤 속임수야 없겠지?"

B는 가입 절차에 따라, 페이스북 가입란에 이름, 이메일 , 비밀번호, 성별, 생년월일을 입력했다. 그런데 또 다른 요구 조건이 있었다.

"이제 2단계 절차를 밟으세요."

B가 지닌 이메일 계정 정보를 입력해야 친구를 찾을 수 있다는 것이다.

그 다음 3단계는 프로필을 입력하라고 한다. 그 다음 사진을 업로드하는 절차가 또 있다. 그 다음에 이메일 계정 인증 확인 버튼을 누르라고 한다. 그런 단계를 거친 다음에야 비로소 가입 절차를 마쳤다.

갈수록 까다롭다는 생각이 들었다.

"초기 단계는 아주 쉬웠는데 왜 이렇지?"

문제는 여기서 자유롭게 이용할 수 없다는 것이다. 페이스북이 자유롭게 활용하도록 내버려 두지 않고 접속할 때마다 또 다른 요구를 한다.

'시작하기'를 클릭할 때 여러 가지 국내외 이메일 서비스를 늘어놓고 사용하고 있는 이메일 서비스 계정으로 로그인해야 친구를 찾게 된다고 권장한다. 들어가는 과정이 마치 미로 게임 같다. B는 오기가 생겼다.

"이왕 가입했으니, A의 페이스북으로 들어가 그를 만나 보자!"

이메일 주소를 입력하자 A가 나왔다. 너무나 반갑고 신기했다. 그리고 또 버튼을 눌렀다. A가 새로운 친구를 소개했다. 버튼을 누를 때마다 점점 친구 수가 많아졌다. 신기한 모험은 계속 이어졌다.

"어? 어떻게 알았지?"

이렇게 모험이 계속되고 난 뒤, 친구로 지내고 싶다는 사람이 담벼락에 가입 환영 인사를 남기기 시작하였다.

"오! 새로 오셨군요! 환영합니다."

"신입 회원이시네요! 축하합니다."

"오늘부터 우리 함께 정다운 친구로 지내요!"

신기한 모험은 환영 인사를 보면서 절정에 이르렀다.

B는 환영 글을 담벼락에 남겨준 새로운 친구들에게 고맙다는 답례의 댓글을 썼다.

"당신은 좋아요!"

"금세 친해졌어요! 아주 좋아요."

댓글의 '좋아요!' 수가 많아졌다. 신기한 모험은 아주 만족한 성공이었다.

그 다음 날 B는 자기 이메일 함을 열어 보고 깜짝 놀랐다.

"아니? 메일이 넘쳤네!"

페이스북에서 온 메일이 이메일 함에 철철 넘칠 정도로 수북하게 쌓여 있기 때문이다.

그러나 그 메일은 페이스북 알림 메시지라는 것을 조금 뒤에야 알았다. 그래서 쌓여 있는 이메일을 지워버리는 작업을 시작했다. 다 지우는데 무려 30분이 걸렸다.

날이 갈수록 친구가 늘어갔다. 친구가 다른 친구를 소개하고, 친구의 친구가 또 새 친구를 소개한다. 모르는 사람과 친구가 되는 일이 점점 많아졌다.

"새 친구가 100명을 넘다니, 이건 확실히 문제인데……."

그로부터 페이스북에 들어가 뉴스 피드를 살펴보는 것이 일과 처럼 되었다.

"학교 시험 성적이 나쁘게 나와 속상해요!"

"내 친구가 왕따를 당하고 있어서 안타까워요."

"아프리카의 어린이가 굶주린대요. 도와주세요!"

B는 뉴스 피드의 이런 글들에 흥미를 갖고 '좋아요!' 버튼을 누르고, 하나하나 댓글을 달았다. 그렇게 하는 사이에 페이스북 세상에 잠겨 자신도 모르게 네트워크 사회 속에 푹 잠기고 말았다. 신기한 모험이 위험한 함정에 빠진 셈이다.

프로필의 사진도 새로운 것으로 바꾸고 프로필의 내용도 더 멋지게 다듬어 올린다. 이제 페이스북은 새로운 일과의 하나가 되었다. B는 어느새 페이스북의 친구가 200명으로 늘어났다. 그들과 날마다 재미있었던 일, 괴로웠던 사연을 주고받는다. 새로운 정보도 교환한다. 페이스북을 열고 들어가면 새로운 친구들을 만나 무척 반갑고 기쁨이 넘친다.

어느 날 B는 뉴스 피드에서 아주 감동적인 글을 발견했다. 감동적인 글은 에드먼드 퍼시벌 힐러리라는 사람이 올린 명언이다.

"모험하라! 모험하지 않고서는 아무것도 얻을 수 없다! 산아! 높은 산아! 너는 결코 자라지 않는다! 그러나 나는 자라고 있다!"

에드먼드 퍼시벌 힐러리

에드먼드 퍼시벌 힐러리 (1919 ~2008년). 뉴질랜드의 산악인, 탐험가. 오클랜드에서 태어난 그는 1953년 5월 29일 33세 나이로 셰르파 텐징 노르가이와 함께 세계의 지붕이라는 에베레스트 8,848m 정상에 세계 최초로 올랐다. 꿀벌

을 기르는 양봉가였던 그는 뉴질랜드의 여러 산과 유럽의 알프스, 아시아의 히말라야 등 유명한 산들을 등반하였다.

1953년 영국의 제7차 에베레스트 등반대에 참가하여 5월 29일 셰르파 텐징과 함께 정상 정복에 성공하였다. 그 공로로 기사 작위를 받았다.

1955년부터 1958년에 걸쳐 남극을 횡단하였고, 이어 히말라야 학술조사단원 등으로 활동하였다.

04 비밀을 지켜라

개방된 사회에서는 개인의 신상 정보가 자기도 모르는 사이에 밖으로 새어 나간다. 그래서 보호하고 지키는 일이 무척 어렵다.

문명의 이기는 쓰기에 편리한 반면 부작용도 많다. 전산 시스템의 활용이 넓어지면서 은행, 백화점, 마트 등을 가릴 것 없이 개인의 비밀을 교묘한 방법으로 캐내고 드러내어 엉뚱한 피해를 주는 일이 심심치 않게 일어난다.

더구나 실명 공개 정책을 추구하는 소셜 네트워크SNS 서비스가 등장하고 그 활용 범위가 확산되면서 개인의 이름, 주민등록번호, 각종 비밀번호 등을 요구하는 사례가 공공연하게 이루어지고 있다.

손쉽고 편리하게 이용되는 카드는 발급 과정에서 개인의 비밀

사항들이 송두리째 요구되면서 개인 정보 노출이 더욱 심하다.

하지만 사용함에서의 편리함 때문에 이용자들은 까다로운 가입 절차를 겪으면서도 그 결과에는 둔감해졌다. 그런 가입 절차 뒤에는 데이터 마이닝 기법이 숨어 있다.

개인 간에 이메일로 주고받는 내용 중에 특정 키워드를 추출하여 취향을 분석하고, 사용자에게 이를 바탕으로 한 맞춤 광고를 제공하여 말썽을 일으킨 기업들이 한둘이 아니다.

"그렇다면 데이터 마이닝 기법은 정말 나쁜 것일까?"

"페이스북은 개인 정보를 침해하는 서비스라는 말인가?"

답은 "그렇다!"와 "아니다!"라는 두 가지로 갈라진다. 개인 정보가 새어 나갈 수 있다는 면에서 데이터 마이닝 기법이나 페이스북이 자유로울 수 없고, 안전하지도 못하기 때문에 나쁘다는 인식이 강하다는 것을 부인할 수 없다.

반대로 가입 절차에서 개인 정보 사항을 꽤 많이 끌어내기 때문에 철저하게 보호하고 비밀을 지켜준다고는 하지만, 보관 관리의 잘못으로 고스란히 새어 나갈 수 있다는 위험 요소가 많다. 그런 까닭에 개인 정보를 침해하는 서비스라는 불만이 높은 것도 사실이다.

지금은 온라인과 함께 오프라인 시대이기도 하다.

데이터 마이닝 기법이 온라인에 등장한 역사는 꽤 오래되었다. 그것은 2000년대 초에 등장한 게이터라는 프로그램이었다. 포털 사이트에 값비싼 광고를 하지 않고도 이용할 수 있는 프로그램이라 광고주들에게 선풍적 인기를 끌었다.

그런 게이터가 아기자기한 기능을 갖추고 네티즌에게 손을 내밀었다.

우리가 제공하는 새로운 기능의 프로그램 서비스를 이용하세요.

해당 퍼스널 컴퓨터 사용자는 웹서핑 기록만 우리에게 넘겨주세요.

편리한 기능을 이용하는 대신 웹서핑 정보를 그 값으로 지급해 드립니다.

"신선하다!"

네티즌들은 자발적으로 게이터 프로그램을 설치하면서 게이터가 내민 손을 잡아 주었다.

이 정보가 데이터가 되어 광고주에게 전달되는 프로그램이었다.

광고주는 새로운 수익 모델을 야후, 다음, 네이버 같은 웹 사이트 가운데 하나를 선택하여 광고를 올리게 되었다. 그러면 웹 사이트에 들어가는 이용자들이 방문할 때마다 퍼스널 컴퓨터에 팝업 광고가 자동적으로 출력되도록 만든 프로그램이다.

광고를 하고 싶은 광고주들의 예산 걱정을 하지 않아도 되었다. 게이터에 광고를 의뢰하면 이용자가 접속할 때 자동적으로 팝업 광고를 올려 준다.

그래서 광고주는 야후, 다음, 네이버 등이 요구하는 광고비보다 훨씬 저렴한 가격으로 포털 광고를 하게 되었다. 비용을 나중에 지불하는 후불 제도는 있어도 세상에 공짜는 없다.

게이터의 배포 방식에서 문제가 생겼다. 원하지 않는 제품을 슬쩍 포함하는 끼워 팔기가 등장한 것이다.

"그건 아니다!"

"필요 없는 물건을 왜 끼워 주나?"

게이터의 끼워 팔기 방식에 대한 제동을 걸렀다. 대형 웹 사이트와 브라우저 회사에서 법정 소송을 제기하고 압박을 가한 것이다.

"우리의 광고 수익 일부를 게이터가 점유하는 건 불법이다."

여기서 새로운 논쟁이 생겼다.

"데스크톱의 소유권은 누구에게 있는가?"

법원은 대형 업체의 손을 들어주었고, 게이터는 대형 업체의 압박에 굴복하는 것으로 끝나고 말았다.

하지만 그 파장은 진화되면서 새로운 모습으로 나타났다.

게이터는 사라졌지만, 그 기법은 변화를 거듭하면서 또 다른 기법으로 발전된 것이다. 쉽게 말하면 게이터의 데이터 마이닝 기법은 수많은 솔루션을 낳았다.

그래서 세상은 돌고 돈다는 말이 다시 유행처럼 퍼졌다.

이와 마찬가지로 페이스북 세상에서는 개인의 정보가 알몸으로 드러난다. 이용자들이 개인 정보 노출에 신경을 쓰면서도 침해에 대해서는 관심이 있다고 해도 이미 무뎌졌고 속수무책이기 때문이다.

내가 프로필을 새로 꾸미고 프로필 사진을 다른 것으로 바꾸어 올리는 그 순간부터 나의 개인 정보는 또 다른 방향으로 침해를 당한다.

새로운 친구를 찾기 위해 이메일 계정 정보를 제공하는 동시에 페이스북 안에서는 나의 사생활 정보가 고스란히 드러난다. 그 사실을 이용자인 나 자신은 모르고 있다.

내가 프로필을 새롭게 단장하면 누군가가 접속하고 '좋아요!'라는 버튼을 누른다. 그와 동시에 데이터 마이닝 시스템에 접목된다.

'좋아요!' 버튼을 누르는 순간 개인 정보는 드러나는데 그걸 미처 생각하지 않거나 모르고 있다. 또 피해라는 생각을 전혀 하지 않는다.

사람은 누구나 자신의 신상에 관심을 둔다. 프로필을 새롭게 꾸미고 사진을 더 좋은 사진으로 올리고 싶어 한다.

"이왕이면 더 예쁘게 꾸미자."

그런 활동은 나는 피해자가 아니라 혜택을 받는 수혜자라고 생각하기 때문이다.

페이스북 안에서의 개인 활동 자체가 모두 데이터 마이닝 도구에 의하여 가공되고 포장되어 마치 상품처럼 뜬다.

예를 들어 디지털 쿠폰을 한 번 쓰면 성별, 이름, 소득 수준, 사용 날짜, 주소, 매장 위치, 구매 기록 등이 하나로 조합되어 데이터에 남는다.

스마트폰으로 페이스북에 접촉해도 비슷하게 자료가 정리되어 데이터로 기록된다.

05 약관을 살펴라

조직을 움직이는 데는 일정한 규칙이 있다. 합리적으로 잘 운영하자는 약속이다. 나라에는 「헌법」이 있고, 회사에는 사규 또는 정관이 있듯이 일반 사회적 단체나 조직에는 약관約款이 있게 마련이다.

페이스북에도 마찬가지로 약관이 있다. 이를 잘 눈여겨보는 지혜가 필요하다. 그 약관은 페이스북에 전달되는 회원들에 관한 정보 전달에 관해 자세하게 밝히고 있다.

저크버그는 페이스북 약관을 무척 상세하게 정하여 놓았다.

"페이스북의 약관은 과연 어떤 내용을 담고 있을까?"

■ 페이스북 약관

페이스북Facebook에 전달되는 회원의 관한 정보

회원님과 관련하여 다음과 같은 정보도 저희에게 전달됩니다.

회원께서 다른 사람의 프로필을 볼 때, 메시지를 보낼 때, 친구 또는 페이지를 검색할 때, 광고를 클릭하거나 페이스북 크레딧을 구입할 때에는 관련된 데이터가 전달됩니다.

사진이나 동영상 등을 페이스북에 게시할 때에는 사진이나 동영상 등을 촬영한 날짜와 장소, 시간 등을 밝혀야 하며, 그런 추가 정보도 함께 전달될 수 있습니다.

회원께서 페이스북에 접속하기 위해 사용하는 컴퓨터, 휴대전화 등의 도구로부터 데이터가 전달됩니다. 여기에는 회원의 IP 주소, 위치, 브라우저 종류, 방문한 페이지 등이 포함됩니다.

가령 친구가 가까이 있다는 것을 알려주기 위해 회원의 GPS 위치를 파악할 수도 있습니다. 때에 따라서는 광고 개시, 온라인 활동에 대한 이해, 기능 개선에 도움이 주는 광고 파트너, 고객, 제3의 업체로부터 데이터를 받기도 합니다.

광고의 효과를 측정하고 광고 품질을 개선하기 위하여 광고주로부터 회원의 페이스북 또는 다른 사이트의 광고에 대해 어떤 반응을 보였는지에 관한 정보도 수집할 수 있습니다.

그리고 회원은 물론 회원의 친구에 대해 이미 가지고 있는 정보로부터 데이터를 이용하기도 합니다. 뉴스 피드에서 회원에게 어떤 친구를 보여주어야 하는지를 정하거나 회원이 올린 사진에서 태그 추천을 하기 위해 회원의 데이터를 이용할 수도 있으며, 회원의 현재 거주지, 기타 위치 정보도 이용합니다.

이를 이용하여 회원과 회원 친구들에게 가까이 있는 사람들이나 이벤트를 알려주거나 회원이 관심을 가지는 정보나 광고를 제공하기도 합니다.

이 약관을 자세히 살펴보면, 페이스북이 회원 각자의 개인 정보를 침해할 수 있다는 것을 드러내고 있다.

그러나 회원들은 유익한 정보나 광고를 제공받고, 오랫동안 만나지 못한 친구와 연락할 수 있는 기회를 주기 때문에 개인 정보의 침해를 받아도 괜찮다는 생각을 갖게 되는 것이다.

일반적으로 볼 때 페이스북은 개인 정보가 열려 있는 공간이므로 개인 정보 침해의 천국인 셈이다.

페이스북은 지금 회원 개개인의 사생활을 들여다보고 이를 상업적으로 이용하고 있다. 그뿐만이 아니라 회원에게 다른 사람의 사생활을 은밀하게 엿보는 기회를 제공하기도 한다.

그래서 페이스북은 개인 정보를 침해하거나 침해당하는 악순환을 거듭하고 있다.

사실 이용자들은 페이스북에서 일어나는 독특한 사태를 자기와는 무관하다며 재미를 느끼는 경우가 대부분이다.

페이스북에는 수많은 새로운 정보들이 가득하다. 그 정보들은 소셜 네트워킹 서비스, 일명 SNS를 통해 글로벌 사회 속으로 널리 퍼져 나간다.

그 정보의 한복판에는 유명 연예인을 비롯하여 정치가라는 사람들까지 무차별로 등장한다. SNS에서는 자유로운 발언이 이루어지기 때문에 누구의 지시나 어떤 제한을 받지 않는다. 수많은 사람이 자신의 생각을 올릴 수 있다.

그런데 그 내용이 가끔 뉴스의 중심으로 떠오르면서 어떤 때에는 속 시원한 이야기가 되고, 반대로 어떤 경우에는 가슴에 응어리를 만들어 주기도 한다.

하지만 페이스북에 오르는 글들이 실제 상황과는 아주 다른 결과로 나타나는 경우가 많다는 것이 현실이다.

유명 연예인들이 당하는 피해가 더욱 심하다. 사실이 아닌 것을 사실인 양 포장해서 내놓는다. 자기주장을 내세우기를 좋아하는 사람들이 더욱 적극적인 글을 올린다.

남의 사생활에 자기의 상상력을 가미하고 미화해서 올리는 글은 재미를 더해 준다. 사실보다 더 감동적이거나 더 추악한 사실처럼 날개를 달고 퍼져 나간다.

SNS를 통해 특종 뉴스를 만들어보려는 미디어도 이런 흐름을 틈타 무책임한 엉터리 뉴스를 퍼뜨린다. 그런데도 페이스북의 여론과 실제는 다르다는데 모두가 놀란다.

"왜 다르게 나타날까?"

특히 선거 때마다 SNS는 빠른 속도로 엄청난 위력을 발휘한다. 누가 이긴다거나 어느 정당이 압도적으로 승리한다고 마치 결과가 나온 것처럼 여론을 일으킨다.

그러나 선거가 끝난 뒤에는 SNS의 여론 흐름 또는 그 지지율과는 아주 다르게 나타나는 일이 많다. 그럴 때마다 공통적으로 일어나는 현상은 SNS의 놀라운 예측 효과를 적극 지지하고 찬동하던 미디어들이 태도를 싹 바꾸어 분노하면서 엉터리라고 매섭게 비판한다는 점이다.

그래서 세상 사람들은 "SNS가 세상을 바꾼다." 라고 말하면서 놀라워한다.

그런 본보기가 바로 이집트의 페이스북 혁명 사례이다.

이집트의 한 청년 단체가 페이스북을 통해 시민들에게 독재 정권에 반대하는 시위 집회를 부추겼다.

"우리는 자유를 원한다!"

"독재 정권을 타도하자!"

반독재 시위는 성난 파도처럼 일어났다. 8만 5,000여 명의 시민들이 거리로 쏟아져 나오면서 독재 정권을 규탄하는 시위를 펼쳤다. 그 위력은 실로 대단했다. 결국 30여 년 동안 독재를 하면서 영화를 누려온 독재 정권을 몰아내는 데 성공한 것이다.

이 사례는 21세기에 SNS가 혁명을 주도하고 이끈 성공적 사례의 하나로 기록되었다.

창조의 신화

01 새로운 발상

　페이스북의 공동 설립자이자 CEO, 최연소 억만장자인 저크버그는 유대인이자 록펠러 가문家門의 사람으로 밝혀졌다. 정확히 말하자면 데이비드 록펠러가家의 손자이다. 록펠러는 석유 기업을 일으켜 미국 경제를 지배한 세계적인 기업가이자 록펠러 재벌의 시조였다. 저크버그가 유대인이자 록펠러의 손자라는 사실이 알려지자 외국 웹들에서는 난리가 일어났다.

　"너무 놀라운 사실이다!"

　"정말 그런가?"

　하지만 틀림없는 사실이다. 저크버그의 본명은 '야곱 마이클 그린버그'이다.

　"그렇다면 그가 왜 그린버그라는 본명을 버리고 마크 저크버그라고 할까?"

"어째서 록펠러의 손자라는 사실을 숨겨 왔나?"

이에 대해 세상 사람들은 이러쿵저러쿵 자기들 입맛대로 말하고 자기들 생각대로 해석하고 있다. 그는 어린 유년기 시절, 그러니까 야곱 그린버그로 살던 시절에 큰 실수를 저지른 일이 있다. 마약, 곧 대마초로 불리는 마리화나를 지니고 있다는 혐의로 체포된 일이 있다.

이런 연유로 해서 권위를 가장 중요하게 여기는 록펠러 가문에서 망나니라고 내쫓은 것인지도 모른다는 헛소문까지 나돌았다.

하지만 그런 명예롭지 못한 일과는 달리, 저크버그라는 새로운 이름으로 페이스북이라는 아이템과 함께 젊은 기업인의 이미지를 보여 주며 등장한 것이라는 이야기가 더 자연스럽고 설득력이 넘친다. 그런 생각이 록펠러 가문에 딱 들어맞는 견해라는 지적이다.

저크버그를 가리켜 "《탈무드》에서 마크 저크버그까지!"라는 말이 등장했다. 이 말은 사용자 10억 명을 지닌 페이스북 창시자 저크버그가 유대인이라는 사실을 밝혀 만든 말이다.

사실 유대인들은 시대와 지역을 초월하여 세계 경제와 정치,

학계 등을 지배하고 있다.

세계적 영화의 본산인 할리우드를 주름잡는 영화감독 스티븐 스필버그, 세계 투자계의 큰손으로 유명한 조지 소로스, 언론 재벌 루퍼트 머독, 프랑스 대통령 니콜라 사르코지 등 유명인들과 일맥상통하는 인물이 젊은 억만장자 저크버그이다.

이들의 공통점은 역시 《탈무드》의 지혜를 지닌 유대인들이라는 것이다. 그래서 "《탈무드》에서 마크 저크버그까지!"라는 말이 더욱 실감을 갖게 한다.

세계 인구 비율의 0.2%에 불과한 유대인들이 미국 억만장자의 40%, 세계 최고 권위를 자랑하는 역대 노벨상 수상자의 30%를 차지했다. 그만큼 놀라운 파워를 보여 주고 있다.

퓰리처, 마이클 델, 마르크스, 앨빈 토플러, 놈 촘스키, 프로이트, 샤갈, 캘빈 클라인, 폴 뉴먼, 더스틴 호프만……. 여러 분야에서 최고의 업적을 쌓으며 한 시대를 주름잡았던 유대인들은 무수히 많다.

"유대인은 어떤 사람들일까?"

■ 유대인

유대인에 대한 역사적 기록은 매우 다양하고 복잡하다.

기원전 10세기부터 기원전 6세기 때까지 지금의 팔레스타인 남부에 있던 옛날 땅 이름이 유대Judea이다. 고대 이스라엘 왕국의 통치자인 솔로몬이 죽은 이후 북쪽의 이스라엘 왕국과 남쪽의 유대 왕국(BC 928~BC 586년)으로 분열되었다.

성서에 나오는 예루살렘은 솔로몬이 태어난 곳으로 정치와 종교의 중심지였다.

자연인류학적인 생물의 한 형질로서 유대인은 과거 수십 세기 동안 단일한 인종으로 존재한 적이 없다. 세계 각지에 흩어진 유대인 집단으로부터 추출한 인체 측정 결과, 집단 상호 간에 신장, 체중, 모발, 피부, 눈동자 색상 등 중요한 신체적 특징이 서로 상당한 차이점을 나타내고 있음이 확인되었다.

사실 유대Judea 사람의 실체는 유대왕국의 사람들을 일컫는다. 민족의 혈통을 중요하게 여기는 인종적 단일민족이 아니라, 유대교라는 종교를 통해 하나의 민족으로 정체성을 유지하는 단일 집단이다.

유대인라고 하면 제2차 세계대전의 유대인 대학살 '홀로코스트', 《탈무드》의 지혜, 아랍 세계와 끊임없이 대립하는 이스라엘, 전 세계 금융권과 정치권력을 휘어잡고 그 뒤에서 조종하는 세력 등으로 흔히 여기고 있다.

하지만 지금 일정한 국가와 국민도, 영토와 주권은 없지만 세계적인 부자와 천재, 예술가, 사상가들을 가장 많이 배출한 민족이라는 사실도 잊어서는 안 되는 중요한 요소이다.

수천 년에 걸친 고난과 역경의 역사 속에서 살아남은 유대인들이 지금 지구촌 곳곳, 특히 미국에서 뛰어난 비즈니스 능력, 금전 관리, 자녀 교육, 성공 철학 등으로 새로운 민족사를 엮어 가고 있다. 그처럼 그들은 지금 세계적으로 막대한 영향력을 행사한다.

유대인은 많은 문학 작품에서 수전노로 묘사되기도 한다. 그러나 부정할 수 없는 것은 그들이 여전히 세계 최고의 부자라는 엄연한 사실이다.

이러한 바탕에는 어린 자녀들에게 절약과 사업, 금전 관리 방법 등을 철저하게 가르치는 가정교육에서 찾을 수 있다. 교육은 결국 국가도 영토도 없는 그들을 성공으로 이끌어 주는 에너지가 되고 있다.

유대인 성공 신화를 보여 주는 또 하나의 비결은 바로 《탈무드》라는 것이다.《탈무드》는 교훈 또는 교의敎義로서 유대인의 율법 학자들이 사회의 모든 사상事象에 대하여 설명한 것을 해설하여 한데 모은 책으로 흔히 '지혜의 바다'라고 표현한다. 그 가르침을 평생 되새기며 인생에서 직면하는 여러 문제들의 해답을 찾고 풀어 간다.

What

유대인과《탈무드》

유대Judea는 기원전 10세기부터 기원전 6세기경 이스라엘 왕국 시대의 팔레스타인 남부 유대 지방의 이름이고, 그 지역의 주민들을 유대 사람, 또는 유대인이라고 하며, 한자 표기로는 유태인猶太人이라고 한다. 민족의 혈통을 바탕으로 한 단일민족이 아니라, 유대교라는 종교를 통해 하나의 민족으로 정체성을 유지하는 집단이다. 국가, 영토, 주권이 없이 세계 곳곳에 흩어져 살고 있다.

《탈무드Talmud》는 유대인의 옛날 학자들이 전해준 율법 구전口傳을 해설한 책으로 유대인들의 생활과 신앙의 최고 경전이며, 흔히 '지혜의 바다'라고 일컫는다.

02 컴퓨터를 좋아한 꼬마

저크버그는 어린 시절부터 퍼스널 컴퓨터pc를 좋아하고 인문학에 관심이 많은 괴짜 꼬마였다.

아버지는 어린 아들에게 베이식BASIC 프로그래밍 언어를 가르쳐 주며 컴퓨터 천재의 과학성에 불씨를 당겨 주었다.

아버지로부터 컴퓨터의 기본 지식을 배운 저크버그는 열한 살 때 소프트웨어 개발자인 데이비드 뉴먼에게 본격적으로 개인 교습을 받기 시작하였다.

그리고 아버지의 치과 병원 진료실과 사무실을 컴퓨터로 소통하는 커뮤니케이션 프로그램을 개발하여 일찍부터 천재성을 발휘하였다.

실제 세상을 변화시키는 일은 괴짜들이 해냈다. 장난기 많고 호기심 많은 괴짜들이 엉뚱한 일을 저지를 때 변화의 물길이 터지 곤 한다.

세상의 물질문명이 포화 상태로 가득할 정도로 무척 놀랍게 발달되어 더는 발전할 틈이 없을 것처럼 여겨질 때 장난기 많은 괴짜들이 새로운 비전으로 엄청난 변화의 물꼬를 트면서 세상을 흔들어 놓는다.

사실 페이스북도 과학자가 연구실에서 머리를 쥐어짜며 연구에 연구를 거듭한 끝에 나온 것이 아니라 호기심 가득한 괴짜들의 장난기에서 나온 결과물이다.

저크버그는 하버드대학교에 입학한 뒤 영화 〈소셜 네트워크〉처럼 여자 친구에게 차이고, 오기로 하버드대학교 기숙사의 모든 여대생 사진을 해킹하여 사이트에 올려 하버드대학교 서버를 완전 다운시키면서 대학교 행정 기능을 완전히 마비시키고 하루아침에 갑자기 유명해진 인물이었다.

"하버드대학교 여학생들의 사진을 어떻게 해킹했을까?"

"왜? 페이스북에 자기 사진을 올릴까?"

미니 홈피 서비스가 개인의 프로필을 소개하기 시작한 초기에는 세련되지 못하고 촌스럽다는 평을 받아 이용자들의 시선을 별로 끌지 못했다.

그러다가 미니 홈피가 진화되고 호기심 많은 장난꾸러기 일부 대학생들이 포토샵을 이용해 과대 포장을 한 얼굴 사진을 올리면서 인기를 끌기 시작했다. 이것을 '얼짱'이라고 했다.

이 얼짱들이 인터넷 스타로 이름을 날리고 시대를 주름잡는 트랜드가 되었다. 그러나 이런 흐름에도 대부분의 사람들은 자신의 얼굴 사진을 올리는 일에 거부감을 가졌다.

그러다가 페이스북이 붐을 일으키자 페이스북에서 개인마다 아이덴티티에 사진과 프로필, 담벼락 글, 좋아요 등을 통해 표현할 수 있게 개설하였다.

그러자 프로필 사진은 페이스북에서 아이덴티티를 나타내는 가장 강력한 수단이 되었다. 아무리 멋지고 훌륭하게 꾸민 프로필이라 할지라도 사진이 신통치 않으면 외면당하기 십상이었다.

그래서 페이스북 이용자들은 더 좋은 자기의 얼굴 사진을 올릴 수밖에 없게 된 것이다. 많은 사람이 멋진 사진을 페이스북에 올려 노출하는 일을 마치 경쟁하듯 열을 올렸다.

그로 인해 프로필 사진은 강력한 위력을 나타내기 시작했다. 사진 속의 주인공이 어떤 옷을 입었는지, 어디서 사진을 찍었는지 하는 것에 관심이 집중되었다.

그 사진이 주인공의 인격, 인품, 성격, 가치관까지 판단하는 잣대로 작용되었다. 그래서 이용자들은 프로필의 사진을 더 새로운 것으로 더 참신한 사진으로 정성스레 올리게 되었다. 이런 현상은 계속 이어지고 있다.

이처럼 페이스북을 진화시킨 저크버그는 확실히 괴짜인가? 그는 괴짜가 아니라 특수한 아이디어 뱅크라는 말이 더 알맞다.

비윤리적 매시 프로그램 사건으로 하루 만에 2만 3,000명의 접속을 이끌어내면서 하버드대학교를 발칵 뒤집어 놓은 괴짜 저크버그는 아주 우연한 기회에 엄청난 성공 신화의 보물을 움켜쥔 것이다.

"저크버그! 뚱딴지같은 게임 한 번 해볼까?"

"뭔데? 마음이 끌릴만한 일인가?"

"물론."

"뜸 들이지 말고 보따리를 풀어 봐."

"하버드 커넥트야! 너는 능히 만들어 낼 수 있을 거야."

그 수수께끼 보따리는 윙클 보스 형제가 들고 온 것이다.

저크버그는 호기심이 발동했다.

"좋아! 만들겠다!"

이렇게 하여 세상에 태어난 괴물 같은 실물을 만들어 내고, '더 페이스북'이라고 이름 붙였다. 이것이 미래의 황금알을 낳는 복福

거위, 최초 최고의 플랫폼이다.

장난기 많은 대학생들의 호기심으로 머무르고 말 것이었는데 놀랍게도 하버드대학을 휘젓고 다른 대학교 교정으로 날아들었다. 마치 허리케인처럼 돌풍을 일으키면서 말이다.

그리고 괴짜 대학생 저크버그를 최연소 억만장자로 우뚝 서게 만들었다.

처음에는 하도 가난해서 월셋집 마루에 매트리스를 깔고 하루 16시간 이상씩 일에 매달렸다.

수익과 공익을 동시에 추구하는 신문을 페이스북의 사업 모델로 삼고 열심히 프로그램 개발에 열정을 쏟은 일벌레 저크버그는 마침내 페이스북 글로벌 왕국을 세웠다.

세상에서 가장 가난한 부자라고 자칭한 괴짜 저크버그는 지금 예쁜 아내와 함께 700만 달러짜리 호화 저택에서 살고 있다.

하지만 뉴저지 주의 한 고등학교에 1억 달러의 발전 기금을 희사하였다. 또한, 2013년 미국에서 한 번에 가장 많이 기부한 인물이기도 하다. 실리콘밸리 커뮤니티 재단에 페이스북 주식 1,800만 주를 기부했는데, 주식 평가액은 9억 9,000만 달러약 1조 435억 원이다.

앞으로 죽기 전에 전 재산을 사회에 내놓겠다고 분명히 약속한 저크버그는 탁월한 기술과 천재적인 아이디어가 번쩍거리는 발명가가 아니라, 차디찬 냉혈한의 감각이 넘쳐 흐르는 최고 경영자로 널리 알려져 있다.

소프트웨어 Software

컴퓨터 프로그램의 총칭이다. 컴퓨터 자체를 하드웨어라고 하는데, 소프트웨어는 바로 하드웨어에 상대되는 용어이다.

입출력 장치를 직접 제어하는 프로그램과 운영체제, 컴파일러 등처럼 프로그램 작성에 필요한 프로그램을 기본 소프트웨어 또는 시스템 소프트웨어라고 부른다.

지금은 컴퓨터의 발달로 하드웨어나 소프트웨어의 경계가 명학하게 구별되지 않고 서로 기능을 상호 호환하는 작업을 하는 것으로 진화되어 펌웨어로 구성하여 실용화되고 있다.

03 또 다른 매력

저크버그는 페이스북에 시끄러운 이미지를 남기는 것을 원칙적으로 배제한다. 공연히 시끄러운 글을 올려서 남의 입방아에 오르는 것 자체를 싫어한다.

그렇게 때문에 조용하도록 신경을 쓰고 지내는 것을 근본으로 여기는 것이 특징이다. 그런 이유는 페이스북의 사회적 정화 효과 때문이다. 다른 포털 미디어처럼 뉴스의 표적이 되지 않겠다는 것이다.

미디어의 표적은 '먹잇감'이라는 새로운 흐름을 만들어 냈다. 사실에 근거한 확인된 내용보다는 '무엇이라 하더라.' 등의 추측성 글 때문이다.

이런 미확인 추측성 글을 제공하는 것이 트위터라는 오해를 받고 있다. 짧고 간결한 단문 형태로 올라오는 글은 사실을 떠나 우선 눈에 띄고 귀가 솔깃해지기 쉽다.

더구나 이런 단문은 그 글이 짧을수록 사실적 내용이나 의미를 전달하는 능력이 떨어지게 마련이다.

그러나 뉴스를 만들어 내는 미디어들이 이를 받아 추측 기사로 내보내는 것이다. 따라서 추측 기사는 대개 '어느 커뮤니티 사이트의 아무개 말에 의하면'이라는 말을 앞세워 시작한다.

이런 기법은 뉴스 작성자에게 쏟아지는 비난이나 불만을 피하기 위한 것일 뿐 책임 있는 자세가 아니다.

뉴스는 신문이나 방송에서 보도하는 새로운 소식이나 사건을 말한다.

이런 글에는 흔히 주어나 목적어 같은 주요 요소들이 빠진 채 바로 올라오기 때문에 메시지 그 자체만으로도 시비를 일으키기에 충분하다.

페이스북은 사회적 정화라는 요구와 그 효과 때문에 추측 기사를 쓸 수 있는 먹잇감 자료가 거의 등장하지 않는다. 따라서 페이스북은 개인의 신분은 적나라하게 드러나는 반면 개인적 먹잇감을 제공하지 않는다는 것이다.

서로 믿고 존중하는 신뢰를 그 바탕으로 삼고 있기 때문이다.

그래서 콘텐츠를 올릴 때에는 근거 없는 헛소문 기사를 쓰지 않는 다는 것이 기본이다.

이러한 신뢰를 바탕으로 삼고 있는 페이스북에서는 먹잇감 추 측 기사를 올려 신뢰성을 떨어뜨리는 다른 포털 미디어보다 훨씬 조용하다.

더구나 페이스북은 다른 포털 미디어처럼 뉴스의 서비스라는 측면에서는 그 의미가 비슷하다고 해도 서비스하는 방법이 아주 다르다고 이용자들은 보고 있다.

친구를 맺어 주는 방법을 예로 보자.

트위터에서는 친구 맺기 개념을 팔로잉이라 한다. 즉 팔로워 방식은 구독의 의미를 지니고 있다. 어떤 사람이 발언대에서 연설 을 한다고 할 때 그의 연설을 듣거나 안 듣거나 하는 것은 오로지 개인의 선택 사항이다. '맞팔'이라고 하여 서로 팔로잉한다는 의 미를 지니고 있으나 그것 또한 개인이 선택할 문제이다.

다만, 다른 포털 미디어는 가입자나 구독자를 늘리기 위해서 약간의 자극성을 띄고 있는 글도 과격하지 않다고 여길 경우 받아 준다.

하지만 페이스북에서는 그런 글을 받아주지 않음으로써 다른 미디어처럼 먹잇감이 되는 일이 없거나 거의 드물다.

서로가 원하면 합의하에 친구로 맺어 사귀게 해 준다. 자기 자신이 자기의 취향이나 성격에 맞는 사람을 친구로 선택할 수 있도록 배려한다. 이런 조건에 상대방이 따르거나 동의하여야 친구가 될 수 있다.

그런 이유로 해서 사람 중심의 인맥人脈 형성을 목적으로 친구를 사귀고자 하는 사람들은 페이스북으로 몰려든다. 그러나 자유 발언을 하고 싶어 하는 사람들은 페이스북을 좋아하지 않는 경향이 짙다.

그런 까닭은 페이스북이 1인 발언대 대신에 상호 교류를 강조하고 있다는 점 때문이다.

한쪽에서는 고상하고 품위 있는 사귐으로 진정한 대화가 오고 가는 데 비해, 다른 쪽에서는 상대방의 관심을 이끌어내면서 지지하고 열광하게 만드는 글을 더 좋아한다.

이처럼 소셜 네트워크의 서비스 방법과 그 방향이 크게 다르다. 하지만 페이스북이라고 해서 모든 것이 다 아름답고 좋은 것일까?

페이스북에 글을 올리고 프로필을 띄우고 사진을 올려놓은 뒤에 자기도 모르게 자신의 모든 것이 고스란히 드러나서 알몸처럼 되는 경우를 경험하는 가입자들이 많다.

페이스북에서는 '먹잇감'이 되지 않는 대신에 '신상身上이 잘 털린다.'는 말이다.

예를 들면 우연한 모임에 갔다가 아주 오래전에 만났던 사람과 다시 명함을 주고받았는데, 그 상대자가 엉뚱한 일을 저지르는 바람에 신상이 털리고 명함 턱을 톡톡히 치르는 곤욕을 당한 사람들이 바로 그런 경우이다.

대개 명함에는 근무처와 직위는 필수이고 당사자 개인의 휴대 전화, 이메일도 적혀 있다. 그래서 명함을 받은 사람이 페이스북에서 그 이메일을 검색창에 입력하여 페이스북에 들어 있는 프로필, 사진, 가족 관계, 학력과 경력, 취미 등 모든 것을 한눈에 알 수 있다.

더구나 가까운 친구는 물론이고 사귀고 있는 애인이 있는지도 금세 알아낸다. 그런 정보를 몽땅 입수한 사람이 엉뚱한 마음을 품고 있다면 이용당하는 것은 순간적이다.

이메일로 사람을 검색한다는 일을 본인 자신은 전혀 모르게 된다. 검색 기능 자체가 미리 알려지거나 사전 허락이 필요 없는 상황에서 이루어지고 복사되며 출력되기 때문이다.

페이스북에 프로필을 올려놓는 그 순간부터 신상 정보는 누구나 퍼서 써도 좋다고 내놓은 셈이다. 자신의 신상 정보를 고스란히 사회에 바치는 것이 된다.

그래서 이메일 주소의 검색 기능은 페이스북에서의 신상 털기 수단으로 널리 유행되고 있다.

이메일 주소를 독특한 아이디어보다 고유명사나 어떤 단어의 처음 글자 또는 그 장식적인 문자, 특히 이름의 영문 표기의 첫 자를 이니셜로 많이 쓰고 있다.

뉴스NEWS

뉴스NEWS는 영어 단어의 동East, 서West, 남South, 북North의 첫 글 자만을 따서 만든 말이다. 뉴스는 신문이나 방송에서 보도하는 새 로운 소식이나 사건을 말한다.

뉴스는 일어난 사실 그 자체보다는 그 사건의 원인과 실체, 그리 고 진행 과정 등을 종합해서 알려주는 새로운 소식이다.

뉴스의 요건은 '5W 1H'의 원칙, 곧 '누가Who, 언제When, 어디서 Where, 왜Why, 무엇을What, 어떻게How'라는 원칙에 따라 작성하고 보도하는 것을 기본으로 삼고 있다.

따라서 개인의 생각이나 주관이 들어가지 않고 객관적으로 작성 함을 기본으로 삼고 있다.

04 긍정적인 힘

하버드의 세계적인 천재 저크버그는 페이스북이 개인 신상과 프라이버시 보호, 곧 사사로운 일에 남으로부터 지시나 간섭을 받지 않고 자신의 신상을 공개하지 않을 절대적 자유를 지켜주고 보호하는 일에 대하여 무척 신경을 썼다.

물론 그 자신이 무척 이기주의적이고 개성이 강한 사람이지만, 타인의 신상 보호에 주의를 기울였다.

그렇게 하여 만들어낸 페이스북도 실제 사용에서 많은 문제점이 나타났다. 그 모순을 고치고 또 고치는데 열성을 기울였다.

"믿을 수 있는 친구에게만 정보를 공개한다."

이런 가정을 세워 놓고 가까운 친구, 믿을 수 있는 친구끼리만 은밀한 소통이 가능하게 하는 대신, 그렇지 않은 친구와는 은밀한 소통이 절대 불가능하게 만든다고 주의를 기울였다.

그러나 이것은 착각이었다.

세상이 그렇게 하라고 내버려 두지 않는다. 유용한 기기는 천재가 개발한다고 해도 사용하는 것은 보통 사람들이다. 천재가 만든 기기에 대한 모순이나 결함은 보통 사람들이 더 빠르고 정확하게 찾아낸다는 것이 세상의 진리이다.

과학이 만들어 낸 모든 문명의 기기는 쓰기에 따라 엄청난 힘을 발휘한다. 일부 부정적인 면이 있기는 해도 긍정적인 측면이 더 크다.

페이스북 검색창을 통하여 꼭 필요한 사람을 친구나 고객으로 삼을 수 있고, 이상적인 그룹이나 동호회를 만들 수도 있다.

어느 날 소셜 네트워크나 휴대전화를 통해 다음과 같은 메시지를 받았다고 한다면 어떨까?

귀하를 우리 모임에 VIP로 모시고자 합니다. 정말 우연히 페이스북에서 귀하의 프로필을 발견하고 정중하게 초대합니다. 아무쪼록 허락해 주시고 우리 모임에서 좋은 사람들과 뜻깊은 인맥을 만들어 보시기 바랍니다.

이렇게 정중하게 초대하는 글을 받았다면 쉽게 거절하지 못하고 다시 한 번 생각하게 될 것이다. 마음이 이끌리면 결국 그 모임에 나서게 될 것이고, 그렇지 않다면 삭제하거나 무시해 버리면 그만이다.

선택의 열쇠는 보낸 사람에게 있는 것이 아니라 받는 사람에게 달려 있기 때문이다.

A는 페이스북 비밀의 방에서 전혀 모르는 사람이 정다운 말, 달콤한 글로 친구를 맺자는 요청을 받았다. 또 어느 날에는 선배와 직장의 상사가 친구하자고 요청하는 글, 지나친 농담 등이 떠 있는 것을 보고 깜짝 놀랐다.

"도저히 친구를 할 수 없는 사이인데……."

"너무 심한 농담인걸."

"어! 모르는 사람인데, 어떻게 내 페이스북 주소를 알았지?"

어떻게 해야 하나? 하고 당황한 A는 페이스북에 담긴 이런저런 글을 다른 사람이 볼까 봐 얼굴이 화끈거렸다. 이를 모두 지우느라고 정신이 없을 정도였다.

이런 일은 비단 A뿐만 아니라 다른 사람들에게도 마찬가지 이야기이다.

페이스북에서는 비록 은밀한 메시지라 하여도 그 내용을 담벼락에 넘겨졌을 때는 이를 뉴스 피드에 공유하는 순간, 더는 은밀하지 않고 내가 생각한 것보다 훨씬 많은 사람들에게 공개된다는 사실을 미처 느끼지 못한다.

페이스북에서의 친구 사귐은 교묘하게 안심시키고 속이는 것과 같다는 이야기이다.

그것이 페이스북의 마력이자 시스템의 모순이지만, 이용자들은 그걸 모르고 있다.

그래서 절대로 친구들끼리만 주고받을 수 있다는 페이스북의 비밀은 무너지고 친구끼리만 사용할 수 없다는 것이 된다.

기업들이 페이스북을 홍보에 가장 적절하게 활용한다. 그러나 그 안에 모순과 결함이 있다는 것을 파악하고 있을까?

'좋아요!' 하는 페이지를 클릭하면 중심 기업과 자회사. 그리고 관계된 회사와 경쟁 회사까지 모두 한눈에 볼 수 있다. 여기에 등장한 리스트는 극히 제한된 사람으로 이어지는데 모두가 '박수 부대'라는 것이다.

페이스북 담벼락에 남긴 글에는 기업 홍보를 알리는 글, 이벤트와 관련된 내용뿐이고, 누구와 소통했는지 상대가 없다. 그래서 '박수 부대'라는 말이 실감 난다.

담벼락의 '좋아요' 글은 그 내용과 통계 숫자, 칭찬하는 댓글 등이 모두 꾸며댄 허수라고 보는 사람들이 많다.

결국은 소비자를 속이거나 우롱하는 데에는 어느 정도 효과를 보았을지 몰라도 진정한 성공은 아니라는 말이다.

10만 명이 페이스북 페이지에 '좋아요'라고 했을 때 그 수를 어디까지, 그리고 얼마나 믿을 수 있을까?

기업 홍보를 대행해 주는 회사마다 30명에서 많게는 100명 정도의 운영 인력이 있다. 이들이 100개에서 많게는 1만 개까지 운영 아이디를 보유하고 있는데, 이때 1만 명이 '좋아요' 버튼을 누른다지만, 그것이 모두 실제 숫자는 아니라는 계산이다.

더구나 이벤트에 참가 신청은 해 놓았으나 실제로 참가하지 않은 사람들의 숫자는 정확하게 파악할 수 없다. 참가 신청자를 모두 참가자로 보는 것이다.

이런 합계는 계산 방법의 묘수로 등장하는 허수의 숫자이지만, 사실처럼 보인다.

그래서 페이스북 페이지에 나타난 10만 명의 '좋아요'가 과연 진짜일까? 아니라면 어디까지가 진짜일까?

그냥 나타나 있는 숫자로 여기고 믿어 주는 것이 일반의 보통 상식이다. 그러나 그 숫자에 엄청난 함정이 있다. 그래서 속는다고 생각하면서도 믿어 보려는 것이 이용자나 소비자들의 생각이고 마음이다.

일반적으로 기업들은 제대로 된 팀을 구성하여 플랫폼을 운영하지 않고 대행사를 통해 운영하기 때문에, 소셜 네트워크 마케팅을 너무 가볍게 여기거나 쉽게 생각한다는 점이다.

대행사는 계약 조건에 따라 일을 대행해 줄 뿐이다. 더구나 기업의 전략과 페이스북의 운영 전략이 일치하지 않는 경우가 생기기 쉽다.

이벤트를 통한 홍보, 사람 모으기, 메시지 전달, 의사소통, 판매와 이윤 내기라는 시나리오가 펼쳐진다. 이런 활동으로는 충성 고객을 만들지 못한다는 것이 저크버그의 운영 방식이다.

"고객의 마음에 감동을 줘라!"

충성 고객을 만들기 위해서는 호화로운 이벤트보다는 고객들에게 신뢰를 안겨줄 수 있는 아이디어로 고객의 마음을 사로잡아야 한다는 것이 페이스북 마케팅의 기본 이념이다.

05 전도사의 능력

"전도사의 능력을 발휘하라!"

저크버그의 생각은 페이스북 이용자들이 훌륭한 전도사가 되어 주기를 바라는 것이다.

물론 페이스북은 개인용과 기업용 페이지를 분리해 놓고 있다. 그러나 그 힘은 개인용보다는 기업용에서 더 큰 힘을 낸다.

개인은 각자라는 개체에 불과하지만, 기업은 이벤트를 통해 많은 사람을 동시에 끌어들이면서 엄청난 파급 효과를 일으키기 때문이다.

예를 들면 간단하다. 세계의 10만 개 기업에서 기업별로 대행사를 통해 이벤트 초대 가능한 인원을 1,000명이라고 가정할 때 결국 1억 명을 동원할 수 있다는 계산이 간단히 나온다.

이들을 모두 페이스북 전도사로 만들자는 것이 저크버그의 생각이다.

기업이 페이스북에 마련된 초대 기능을 통해 사용자들을 모두 페이스북으로 들어오도록 가입을 권장한다. 이는 곧 다단계 기법과 같다. 한 개인이 이를 추진하기는 어려워도 기업이 움직일 때는 얼마든지 가능하다는 계산이다.

"페이스북에 가입하면 아는 사람들을 우연히 만날 수 있다. 친구를 통해 또 다른 친구를 사귈 수 있으며 새로운 만남을 계속 만들어 갈 수 있다."

전도사의 능력은 참으로 크고 넓다. 모르는 사람도 친구로 만들어 주는 힘이 바로 전도사의 능력이다. 페이스북의 존재 가치는 여러 가지 이벤트나 캠페인을 통해 페이스북 이용자를 늘려나가는 것이다. 그를 이용하는 것이 기업이다.

그래서 페이스북이 개인 가입자를 늘리고 그 가입자를 기업이 이벤트로 유도하면서 새로운 활력을 일으킨다.

"페이스북 가입자는 어떻게 페이스북을 사용하지?"

이런 궁금증 때문에 페이스북 속으로 점점 깊이 빠져든다. 여기에는 사용자에게 이득이 있다는 것이 전제적으로 존재한다.

예를 들면 모임이나 동창회를 통해 그동안 만나지 못했던 친구들과 다시 만나고 몰랐던 정보를 알게 하고 새로운 지식을 알도록 도와준다.

페이스북을 통해 고상하고 우아하며 지식 있는 사람들과 소통 하는데 이보다 더 좋은 것이 무엇인가? 하는 것이 페이스북의 마력이자 전도사의 매력이다.

본래 전도傳道는 종교적인 용어로서 '지혜의 말'을 전한다 하여 선교宣敎라고도 한다.

전도사傳道師의 전은 널리 전해주는 일이고, 도는 사람이 마땅히 지켜야 할 도리와 덕목으로 인간 본연의 가치와 삶의 방법을 말하며, 전도사는 그 일에 종사하는 사람이다.

종교의 진리를 말과 행동으로 널리 전달하여 퍼뜨리는 일이 전도이고, 그 일에 매달리는 사람이 전도사이다. 결국은 종교를 믿는 사람을 늘려나가자는 것이 목적이다.

그래서 종교의 뿌리는 전도의 역사라고도 일컫는다.

어떤 종교이건 그 종교의 신자가 된 사람은 누구든지 각자의 능력에 따라 전도에 힘쓴다. 그러나 그 전도의 방법은 달라도 신자를 늘려간다는 의미에서 서로 다르지 않다.

페이스북은 종교는 아니다.

그러나 그 전파는 종교적 힘보다 더 크고 그 범위도 엄청나다.

전 세계적으로 남녀노소를 불문하고 10억 명 이상이 가입하여 활동하고 있으니 가히 종교를 초월하는 마력을 지니고 있다고 할만하다.

페이스북은 애플리케이션의 등장으로 또 다른 폭발력을 얻었다. 페이스북 사용자가 원하는 좋은 애플리케이션에 기업의 로고를 박아 배포하는 것이다.

애플리케이션을 이용해 만든 사진을 페이스북 사용자의 앨범에 올라가고, 홍보하는 글도 함께 담벼락에 자동으로 올라온다.

이렇게 멋지게 만든 프로필 사진은 다른 사람의 시선을 끌기에 충분하다.

자연스럽고도 고급스러워 보이는 이 프로필 사진을 본 사람은 자기 친구에게 알려주고, 그 친구는 또 다른 그의 친구에게 알려 준다.

그렇게 입소문을 타면서 많은 사람들이 열광하지 않을 수 없다. 그래서 자연스럽게 전파가 된다. 이런 방법으로 페이스북은 날개를 달고 솟아오르듯 지구촌으로 퍼져 나갔다.

순간적인 폭발력을 기업들이 이용하고 있다. 페이스북 사용자들이 원하는 니즈로부터 아이디어를 얻어내고 브랜드의 홍보가 자연스럽게 이루어지도록 하는 역발상 홍보로 이용하는 것이다.

그래서 페이스북에는 기업 페이지가 점점 늘어나는 반면, 가입자들의 불만도 커지고 있다.

페이스북 가입자 개개인은 선량하다. 그런데 개인 정보가 무차별하게 침해를 당한다.

"왜 그럴까?"

수많은 회사가 페이스북 페이지나 애플리케이션을 이용해 야비하게 허락도 없이 개인 정보를 퍼내어 써먹는다는 걸 모르기 때문이다.

페이스북 사용자들은 개인 간의 신뢰를 가장 중요하게 여긴다.

믿음으로 다가가지 않고 제품 브랜드의 이미지로 가득 채운다면 곧바로 저항의 반응이 뜬다.

"싫어요!"

"안 돼요!"

페이스북에서 매우 친절하고 호의적인 태도를 보이던 친구가 어느 날 갑자기 상품을 선전하고 구매를 은근히 강요한다면 기분이 어떨까?

말할 것도 없이 기분이 상하고 거부감을 느끼게 될 것이다. 그런 친구라면 페이스북에서 왕따를 당하고 말 것이 분명하다. 문제는 그런 일들이 소리도 없이 이루어지고 흔적도 없이 사라진다는 데 있다.

페이스북 사용자들은 수시로 날아오는 이메일 스팸에 처음에는 열심히 저항하지만, 곧 지쳐서 무감각한 상태에 빠진다.

저크버그의 고민

페이스북에 관한 한 저크버그의 고민도 만만치 않다. 사용자들이 수시로 날아오는 이메일 스팸을 받게 될 것이라고는 생각도 못했던 것이다.

천재 저크버그의 위대한 실수였을까? 새로운 발명품을 내놓는 사람들은 그 발명품이 인류의 삶에 도움이 되기를 바라고 있다. 그런데 세상은 그렇게 좋은 방향으로 흘러가는 것만은 아니다. 하지만 페이스북을 이용하는 사람들은 삶의 질을 높이기 위해 개인 정보의 침해를 무릅쓰고, 또 엉터리 스팸 공세에도 마다하지 않고, 이기적인 상업 캠페인에도 눈감아 주는지 모른다. 이에 대해 저크버그는 요즘 무슨 생각을 하고 있을까?

새로운 구상을 하고 있을까?

경쟁은 없다

01 기발한 착상

"경쟁은 없다! 페이스북과 고객의 거리를 좁혀야 한다."

저크버그는 이 문제를 심각하게 생각하고 있다.

페이스북이나 소셜 네트워크에 대하여 사용자와 마케터의 생각이 다르기 때문이다. 물론 현대적 첨단 기구와 사람의 두뇌는 같지 않다는 것을 천재 저크버그도 잘 알고 있다.

공통점이라면 사용자들이 소셜 네트워크의 서비스 기능이 매우 뛰어나고 편리하며 재미있는 소통 도구라는 것을 인정하고 사용한다는 것이다.

저크버그는 사용자들이 소셜 네트워크를 어떻게 이용하면 더 재미있고 효과적으로 사용할 수 있을까를 늘 생각하고 있다.

그러나 그 자체가 하나의 첨단 기구일 뿐, 생각이 진화하는 것은 결코 아니다. 그 기구에 생각의 진화를 얹어 주는 것이 저크버그의 몫이다.

하지만 저크버그가 아닌 제3의 인물일 수도 있다. 페이스북은 저크버그가 만들었지만, 사용자는 지구촌의 10억 명이 넘는 사람들이기 때문이다.

그래서 페이스북을 처음 만든 사람은 저크버그이지만, 그 개인의 전유물은 이미 아니라는 관점이다. 그래서 늘 기발한 착상에 잠기곤 한다.

10억 명이 넘는 그 많고 많은 사람은 페이스북의 장단점을 잘 알고 더 재미있게 쓸 수 있는 방법을 찾고 있을 것이다. 그러므로 사용 방법은 날이 갈수록 개선되고 진화될 수밖에 없다.

그런 일의 중심에 저크버그가 서 있다. 골치 아파도 해야 하는 숙명이기 때문이다.

페이스북은 더 똑똑한 것으로 진화되고, 소셜 네트워크의 서비스 기능은 더욱 다양해질 것이다. 그럴수록 사용자는 복잡한 것을 싫어하고 사용하기 간편하고 단순하면서 성능이 뛰어난 것을 바라고 있다.

그렇다면 페이스북의 미래, 소셜 네트워크의 미래는 어떻게 진화될까?

이에 대해서는 그 누구도 자신 있는 청사진을 밝힐 수 없다. 인류가 태어난 이후 지구촌에서는 수많은 변화가 계속되어 왔다.

그러나 그 누구도 페이스북이 나올 것이라고 예상한 사람은 아무도 없었으니까, 앞으로 또 어떻게 진화할 것이라고 예측할 수도 없는 노릇이다.

그러나 분명한 것은 더 똑똑하고 교활한 제2의 페이스북이 나오고, 제3의 소셜 네트워킹 서비스가 이루어질 것은 틀림없다고 본다.

"더 똑똑한 것이라고?"

"얼마나 똑똑해질 것인가?"

페이스북뿐만 아니라 온라인 오프라인에서 사용자들을 경악하게 만들 교묘한 새로운 것이 등장할 것이라는 사실을 부인할 수 있는 사람은 아무도 존재하지 않는다.

다만, 괴물 같은 새로운 문명의 이기를 언제 누가 만들어 낼 것인가만 모르고 있을 뿐이다.

요즘은 백화점에 가지 않고도 구매하고 싶은 제품을 주문하고 받는다. 앞으로는 병원에 가지 않고도 진단과 처방을 받는 프리미엄 서비스 시대가 가까운 장래에 분명히 올 것이다.

온라인 서비스의 사용자 드라이브는 오프라인보다 더 손쉬워질 것이다.

새로운 명칭에는 모두 발명자의 나라 언어가 붙는다. 저크버그가 미국 사람이라 그가 만든 페이스북도 영어로 이름 지었듯이 말이다.

라디오나 텔레비전이 외래어라고 하여 한글로 고친다면 어떻게 붙일 것인가?

마찬가지로 페이스북 이후의 새로운 제품도 외국인이 만들어 낸다면 그 이름도 당연히 외래어가 붙게 될 것이다.

앞으로 소셜 네트워크의 서비스 기법은 날이 갈수록 발달될 수밖에 없다. 새로운 기능의 제품이 나오면 이용자들에게 또 개인 정보에 관한 자료를 요구할 것이 틀림없다.

더 똑똑해진 제품을 구매하려면 제작 회사에서 소비자들에게 요구하는 주민등록번호, 생년월일 등의 자료를 제출해야 하니까.

이제 이런 것들은 더는 개인별 비밀 사항도 아니다. 이미 공개될 대로 다 드러나 버렸기 때문이다.

따라서 앞으로 개인 정보 침해는 더 심각해질 수밖에 없다.

성능이 더 좋고 똑똑해진 신제품을 가지고 싶어 하는 사람들은 개인 정보의 노출 같은 것은 생각하지도 않은 채 오직 신제품을 갖고자 하는 소유욕으로 자신의 개인 정보 사항을 스스로 밝혀줄 것이다.

진화의 속도가 빠른 사회일수록 색다른 서비스, 더 편리한 서비스는 곧 신기함과 더불어 재미라는 마력으로 사람들 속으로 파고들게 된다.

정보의 홍수 속에서는 똑똑한 천재도 뉴스의 지배를 받는 수동자가 된다. 뉴스의 제목에 따라 쥐꼬리 마우스를 이동시킬 수밖에 없다.

아무리 충격적인 뉴스도 며칠 지나면 시간과 함께 세월 속으로 묻혀버린다. 잊어버리는 망각은 어쩌면 현대인의 속성이라 당연하다고 여길지 모른다.

저크버그가 처음에 페이스북을 만들었을 때는 좋아하던 여대생으로부터 버림을 받고 뚝딱거려 만들었기에 특정한 대상이 모델이 된 셈이지만, 소셜 네트워크로 진화한 지금은 처음 만든 그때의 상황과는 아주 다른 방향으로 엄청나게 발전하였다.

그리고 '싫어요!'가 아니라 '좋아요!'라는 버튼을 누르게 하면서 소셜 네트워킹 서비스를 통해 수많은 사람을 열광시키고 있다.

그러므로 앞으로의 페이스북은 특정한 대상을 정해놓은 것이 아니라 일반 대중들, 보통 사람들이 누구나 더 즐겁게 또 재미있게 이용할 수 있는 모습으로 오픈되는 시스템이 바뀔 수밖에 없다는 것이 시대적인 조건이다.

만일에 보편성이나 대중성이 결여되고, 즐거움과 재미가 부족한 기계적 서비스 기능만 더 보태어 만든다면 오픈된 뒤 곧바로 엄청난 저항에 부딪히게 될 가능성이 높을 것이다.

이런 가정은 페이스북이 처음 나왔을 때 이미 경험하고 여러 차례 고치고 또 고쳤기 때문이다.

세상에 처음부터 완벽한 작품은 하나도 없다는 것을 소비자들은 너무나 잘 알고 있다. 그러나 저크버그는 완벽하지는 않더라도 결함이 가장 적은 고성능 고기능의 제2 페이스북을 만들어 내려고 끙끙거리고 있을 것이 분명하다.

본래 벌거벗은 알몸으로 태어나 기성복 시대를 거쳐 자기 취향에 맞는 복장으로 단장하며 살아가는 사람들이라, 즐거움을 나누고 유익한 정보를 주고받으며 살아가는데 영악스러울 정도로 매우 익숙하다.

그래서 페이스북의 진화는 딱딱한 껍질로 덮여 있는 기구보다는 더 부드럽고 감미로운 촉감을 느낄 수 있는 제품으로 만들어질 것이다.

02 소셜 열풍

　세상은 점점 까다로워진다. 까다로워지는 그 속도가 어제와 오늘이 크게 다르다.

　더불어 사람들도 덩달아 까다로워진다. 모든 것이 자기 입맛대로 되기를 바란다. 그렇지 못하면 불평부터 늘어놓는다.

　까다로워지는 세상일수록 사람들의 신분 노출이 더욱 심해진다. 본인 스스로 노출시키는 것이 아니라, 다른 사람들이 페이스북의 개인 프로필을 퍼내어 인터넷이나 소셜 네트워킹 서비스를 통해 발가벗겨 버리기 때문이다.

　소셜Social이라는 말은 본래 사회적 또는 사교적이라는 말인데, 텔레비전이나 라디오의 방송망이라는 네트워크Network와 합쳐지면서 사람들의 입소문을 통해 널리 전파되고 활용되는 의미를 담고 있다.

소셜 네트워크라는 새로운 단어는 무서운 속도로 전파되면서 특히 비즈니스의 근본 바탕을 흔들어 놓으며 평지풍파를 일으켰다.

새로 만들어진 말이라 해도 시간이 지나면 그 신선한 맛이 퇴색해 버리는 것이 현대 사회이다.

인터넷을 열면 '소셜 ○○' '소셜 뭐뭐'라는 단어부터 뜬다. 소셜 네트워크, 소셜 게임, 소셜 커머스, 소셜 데이트, 소셜 댄스, 소셜 덤핑, 소셜 리스트 등 소셜이라는 단어가 안 들어간 것이 없다. 그뿐만이 아니라 소셜 경영, 소셜 리더십, 소셜 러닝, 소셜 마케팅, 소셜 커뮤니티 등 소셜 혁명 시대를 열어 놓았다.

만일 그런 말을 쓰지 않으면 유행에서 뒤처지거나 서비스가 시원치 않은 것처럼 말이다. 더구나 새로 만들어지는 커뮤니티 서비스에 소셜이라는 단어가 빠지면 새로운 감각이 없는 것처럼 여긴다.

그만큼 사람들의 눈과 귀를 끌어당기는 마력적인 단어가 되었다.

그런 소셜 열풍에 불을 댕겨준 대표적인 것이 바로 저크버그가 개발한 소셜 네트워크 서비스 페이스북이다.

페이스북이 소셜 네트워크에 회오리바람을 일으키면서 네티즌들의 관심을 끄는 데 성공하자, 남녀노소를 불문하고 페이스북을 이용하기 시작했다.

기업들도 이러한 사회적 흐름을 모르는 척할 수는 없다. 최소한 따라가야만 상품을 팔아서 이익을 남길 수 있다는 것을 잘 알고 있다.

그래서 기업들도 누가 먼저라 할 것 없이 페이스북 마케팅에 뛰어들었다. 이렇게 하여 페이스북 왕국의 영토는 점점 더 넓어졌다. 여기에 입이 근질근질한 독설가, 변덕이 죽 끓듯 하는 변덕쟁이, 제2차 세계대전 때 독일의 독재자 히틀러보다도 더한 고집쟁이가 퍼스널 컴퓨터를 휘저으면서 선거판을 흔들어 대고, 풋내기 정치꾼들이 독설을 쏟아냈다.

그들은 자기들이 책임 없이 내뱉는 말들이 사회를 얼마나 시끄럽게 만들고 있는지를 모르는가 보다. 세상을 떠들썩하게 만들고도 자기와는 아무 관계가 없다는 태도이다.

더구나 페이스북에 가명 또는 필명으로 글을 올리면서 수많은 사람으로부터 지지를 받던 시절도 있었다. 학력을 부풀리고 경력을 위조하면서 자신을 과대 포장한 사람들도 등장했다.

자신이 다른 사람과 다르게 뛰어나며 그 다름을 자랑으로 여기는 풍조까지 생겼다.

"그건 나의 생각과는 다르다."

저크버그는 페이스북 사용자들이 점점 까다로워지고, 그들의 개성도 더욱 강해지고 있다고 느낀다.

이런 현상은 날이 갈수록 더욱 확산될 것이다.

저크버그가 더 똑똑해진 제2의 페이스북을 개발해 사용자들의 그런 유행에 제동을 걸 것인가? 아니면 부채질을 해 줄 것인가?

저크버그가 소셜 네트워크를 통해 신문의 뉴스 기사나 평론처럼 비교적 긴 문장의 글보다는 몇 자 안 되는 짧은 글로 의견을 주고받기를 원하는 사람들의 발언대 무대를 꾸며준 것만은 틀림없다.

이에 반해 그의 회사 임원들이 짧은 글로는 충분한 의사소통을 제대로 하기 어렵다고 이견을 내놓았다.

짧은 글로는 의사소통이 잘 안 되고 오히려 오해를 불러일으키는 경우가 생기기 쉽다고 걱정한 것이다.

"무슨 소리야? 독일이 낳은 세계적인 독설가 쇼펜하우어도 독일의 대철학가 헤겔에 대해 짧은 글로 공격한 걸 모르는가?"

"알지요. 지독한 독설가였다는 것도 말입니다."

"그런데? 뭘 꾸물거려?"

사실 쇼펜하우어는 베를린대학교 교수가 된 뒤 같은 대학교 헤겔 교수의 인기가 대단하다는 것을 알고도, 헤겔의 강의와 같은 시간대에 자신의 강의 시간을 책정했다.

하지만 헤겔 교수의 강의는 초만원인 반면 자신의 강의를 신청한 학생들은 거의 없었다. 자기 스스로 과신했지만, 학생들은 그걸 인정하지 않았던 것이다.

쇼펜하우어가 헤겔을 공격한 독설은 베를린대학교뿐만 아니라 독일의 여러 대학에서도 화제가 되었다.

"헤겔은 천박하고 우둔하다. 그의 철학은 메스껍고 빈껍데기다. 그의 추종자들은 사기꾼 헤겔의 철학을 진리인 양 읊어댄다."

이 설명에는 사실적 설명이 없고 독설만 있다. 마치 사실인 것처럼 선동하는 짧은 단문이다. 정보를 빠르게 주고받아야 하는 사람들에게는 별다른 비판 의식도 없이 그대로 받아들여지기 쉽다.

이런 짧은 글은 선거판의 정치꾼, 유명 연예인, 스포츠 스타들을 공격할 때 많이 등장한다. 주어도 목적어도 빼버린 채 바로 직격탄 욕설로 나타난다는 것이 특징이자 공통점이다.

그래서 독설이 아니라 해도 독설로 오해를 받는 일이 종종 일어난다.

쇼펜하우어 & 헤겔

쇼펜하우어1788~1860년는 독일의 철학가, 염세주의 사상가. 은행가의 아들인 그는 여류 작가인 어머니와 대립했으며, 여성 혐오와 여성 멸시로 유명했다. 대표작 《의지와 표상으로서의 세계》를 발표하고 베를린대학교 교수가 되었으나 헤겔 교수의 명성에 눌려 사직했다.

헤겔1770~1831년은 독일의 대철학자, 베를린대학교 교수를 거쳐 총장을 지냈다. 《예수의 생애》, 《정신 현상학》, 《논리학》, 법률, 도덕, 국가의 문제를 체계적으로 종합한 《법철학》 등 많은 저술을 하였으며 제자들이 '헤겔학파'를 이루었다.

03 별난 세상

저크버그는 강조했다.

"믿음이 없는 정보는 추락하고 추락하는 정보에는 신뢰성이 없다."

페이스북 개발자로서의 책임 의식을 밝힌 것일까?

요즘 세상은 아주 특별하고도 별난 세상이다. 페이스북 소셜 네트워크가 그 중심에 들어 있다.

인터넷을 열면 족보도 없는 문자의 나열, 재대로 갖춰 쓰지 않은 한글 단어들이 많이 뜬다. 그런데도 그런 이상한 문자들로 의사소통을 하고 있다.

예를 들면 ㅋㅋ, ㅈㅅ, ㅎㅎ 같은 문자들이다. 분명코 한글인데《국어사전》에는 설명이 없다. 하지만 센스 빠른 네티즌이나

누리꾼들은 그 의미를 바로 알아챈다.

ㅋㅋ나 ㅎㅎ는 비웃는 소리이고, ㅈㅅ는 죄송하다는 의미의 신조어이다.

그런 의미를 바로 모르는 사람들은 똑똑해지는 요즘 시대를 따라가지 못하는 사람들로 바보 취급을 당하기에 십상이다.

《국어사전》에 설명이 없는 ㅋㅋ, ㅈㅅ, ㅎㅎ는 이미 널리 퍼져 있는 유행어이지만, ㅋㅂ, ㅉㅈ, ㅇㅎ 같은 문자나, Gg, Sg, Qx 같은 신조어는 그 정체조차 알 수 없다.

"ㄱㅋ 미인 멋져!"

"진짜 ㅌㅎ 뻔했지"

"도대체 무슨 뜻일까?"

온라인에서 많이 쓰고 있는 글들이다. 분명코 글자인데 그 의미를 알 수 없다.

"ㄱㅋ 미인 멋져!"는 아무개가 코와 눈매를 성형수술해 괴짜 미인이 되었다고 비꼬는 말이고, "진짜 ㅌㅎ 뻔했지"는 성형수술한 그의 얼굴을 보고 역겨워 토할 뻔했다고 조롱하는 말이란다.

실제 상황보다는 상대를 비하하거나 꼬집는 독설이다.

이처럼 인터넷에서는 글자의 절반만 떼어 쓰는 용어가 유행한다. 이처럼 불완전한 단어들이 유행하면서 장난스러운 괴짜 글이 떠돌아다닌다.

여기에 기름을 뿌리듯 자극을 주는 것이 소셜 네트워크이다. 소셜 네트워크가 대중화되면서 이에 따른 콘텐츠도 늘어나고, 새로운 뉴스나 정보의 흐름은 엄청난 속도로 퍼져 나간다.

그래서 정보의 홍수 시대를 이루고 있다.

별난 세상에서는 톡톡 튀는 것이 정상처럼 보이고 멋지게 여겨진다. 그런 현상이 계속 이어질수록 세상은 점점 더 별난 세상으로 흘러간다.

정체를 알 수 없는 추측성 정보가 확산되는 세상에서는 정보의 신용 추락도 그만큼 빨라질 수밖에 없다.

이런 일들은 페이스북의 잘못이 아니라, 괴짜 사용자들이 인터넷에서 펼치는 장난 때문이다.

어떤 사람이 아무개에게 전해달라는 말을 할 때, 귀에 이어폰을 꽂고 음악을 들으면서 그 사람의 입놀림 모습만 보고 말의 내용을 알았다는 듯이 추측하고 다른 사람에게 전한다면 어떻게 될까?

뜻이 제대로 전해질 수 없다. 그야말로 매우 잘못되고 왜곡된 정보 전달이 되고 말 것이다.

의사 전달은 정확해야 그 생명이 살아난다. 잘못 전달하는 정보는 혼란을 일으키는 원인이 된다.

무척 빠르게 변화하는 별난 세상은 페이스북 시대이다. 세상 사람들이 너도나도 페이스북 속으로 깊숙이 빠져들 수밖에 없다.

페이스북이 지구촌을 이끄는 현실을 인정하고, 인터넷 서비스를 외면하지 않고 그대로 받아들이는 것이 별난 세상, 정보의 홍수 시대를 살아가는 방편이기 때문이다.

좋은 일, 착한 캠페인을 시작하면 여기저기서 즉각 많은 사람이 참여한다.

그만큼 뜨거운 세상이다. 하지만 옳지 못한 일에는 가차 없이 뭇매를 때리며 흥분하는 세상이다.

이런 일들이 페이스북 세상에서는 얼마든지 가능하다.

아름다운 사람들의 이야기는 페이스북 소셜 네트워크를 통해 지구촌으로 퍼져 나간다. 서울에서 아프리카 사람을 돕는 자선 캠페인을 진행한다.

아름다운 사람들이 아름다운 세상을 만들어 갑니다.

불우한 이웃에게 사랑의 편지를 보내주세요!

사랑의 편지를 보낼 때마다 일정한 돈을 기부금으로 적립합니다. 작은 정성이 큰 힘이 될 수 있습니다!

굿네이버스, 월드비전, 유니세프도 못한 일을 페이스북에서는 간단히 해낼 수도 있다.

페이스북 사용자들은 멋진 사랑의 편지를 띄워 친구의 생일을 축하하거나, 불우한 이웃에게 사랑의 손길을 펼 수 있다. 이런 일을 페이스북이 중개한다.

사랑의 캠페인 참여를 통해 마음씨 착한 좋은 친구를 만날 수 있고, 유용한 정보도 얻고, 뜻밖의 행운을 얻을 수도 있다.

저크버그는 지금의 페이스북 하나만으로 절대 만족하지 않고, 제2의 페이스북을 넘어 제3의 페이스북으로 더 별난 것을 만들어 낼 것이다.

한쪽에서는 또 다른 괴짜가 저크버그의 페이스북 개념을 훌쩍 뛰어넘는 놀라운 것을 꾸미고 있을지 모른다.

그렇게 된다면 페이스북의 위력은 더욱 커질 것이다.

또한, 속임수 만행이 판칠 수 있다는 사실도 가볍게 넘길 수는 없다.

페이스북은 이제 일상생활에서 중요한 역할을 하고 있다. 등교 시간은 물론 수업시간이나 출근길, 출장길에서도 페이스북의 메시지가 뜬다.

"새 소식이에요. 좋은 정보, 행운 드려요. 참여 바랍니다."

그 메시지가 마음에 들기도 하지만 궁금하여 들어가 본다. 메시지를 본 뒤 글을 올린다. 그랬더니 친구하고 싶다는 메시지가 수도 없이 다가온다.

"좋아요! 잘 생각했군요!"

"우리 친구해요. 마음에 들어요."

"멋진 생각이에요."

정말 행복한 고민이 이어진다. 이메일을 열어보니 이런저런 글이 넘쳐 흐를 정도로 쌓였다. 처음에 느꼈던 기쁨이 사라지고 짜증이 난다.

어떻게 해야 좋을지 알 수 없다.

04 벌거벗은 정보

저크버그는 소셜 네트워크 서비스에서 정보의 공개가 거의 무제한으로 펼쳐진다는 데 고민하고 있다.

"우리의 소명은 개인의 정보를 보호해 주는데 있다. 다만, 가입자들이 마구 퍼 나르는 것이 문제다! 이를 차단하는 방법을 찾아야 한다."

그러나 그 방법을 찾는다는 일이 쉽지 않다는 데 문제가 있다.

벌거벗은 알몸보다는 적당히 벗은 사람이 더 아름답게 보인다. 페이스북에서도 마찬가지이다.

너무 홀딱 공개한 정보보다는 가릴 것은 가리고 감출 것은 감추는 모습이 더 관심을 끈다.

페이스북 친구들이 페이스북 피드백을 통해 이야기를 나누고 있다.

"네 옷 참 좋구나! 그런데 네 몸매는 별로야."

"흠! 뚱보가 질투를 하다니……."

"넌, 왜 브랜드만 찾니?"

"뭘 입어도 안 어울려!"

그러나 피드백을 통한 대화는 실제로 얼굴을 마주 대하고 대화를 나누는 것과는 다르다.

실제로 대화를 할 때는 공간적 거리감이 없다.

말을 주고받는 속도감이 거의 끊이지 않는다. 그러나 페이스북 피드백에서는 오고 가는 사이에 시간이 필요하다.

성질이 급하기로 유명한 한국인들은 피드백이 오기까지 기다릴 수 없다.

일반적인 정보 교환은 사람과 사람의 연결로 이루어진다. 그때문에 사용하는 사람이 적으면 서비스의 활성화도 그만큼 느려진다.

"음식점의 규모가 크다고 손님이 많은 것일까?"

"반대로 음식점의 규모가 작다고 손님이 없을까?"

반드시 그렇다고 할 수는 없다. 음식점 규모가 작아도 손님이 많은 곳이 있는가 하면, 음식점 규모가 커도 손님이 별로인 경우도 있다.

이 말은 사람들이 고객 대접을 잘해 주지 않는 큰 식당보다는 접대를 잘해 주는 작은 식당을 찾아가는 경우와 같다는 역설적인 이야기이다.

"서비스는 곧 신뢰의 바탕이다. 옳지 못한 서비스는 하지 않는 것만 못하다."

저크버그는 서비스를 최우선으로 꼽는다. 그는 사용자들 사이에서 서비스가 나쁘다는 소문이 퍼지면 공들여 쌓아올린 신뢰의 탑이 하루아침에 무너진다고 강조한다.

그래서 서비스는 철저하게 개인 중심으로 펼쳐져야 한다. 한 사람의 불만이 열 사람, 백 사람으로 전파될 수 있기 때문이다.

온라인에서의 서비스는 그래서 더욱 세심하게 정성을 기울여야 한다. 이는 소셜 네트워크를 통한 정보 교류가 점점 많아지면서 이용자들의 수준도 더 높아지고, 이는 콘텐츠의 수준으로 이어지는 현실 때문이다.

여기서 1인 온라인 출판과 같은 개인적인 1인 미디어 시대로 바뀌고 있다.

소셜 네트워크 서비스는 현재의 블로그처럼 이름을 숨기는 형태가 아니라, 자신의 이름을 당당하게 내걸고 운영하는 시대로 바꾸고 있다.

사회적으로 이름을 떨치는 변호사, 의사, 평론가 등이 자기 이름을 분명히 밝히면서 서비스를 펼치는 것이 바로 그런 흐름을 말해 준다.

신뢰를 바탕으로 충성스러운 서비스를 하는 업체일수록 고객들이 몰려드는 것은 지극히 당연한 일이며, 아무도 막을 수 없는 사회적 흐름이다.

페이스북 소셜 네트워크 서비스는 지역과 국가를 초월하여 지구촌 구석구석까지 파고든다. 이른바 서울을 둘러싼 수도권, 부자들이 몰려 산다는 지역, 가난한 달동네, 산촌 마을, 어촌 마을 할 것 없이 어느 곳이나 찾아든다.

작은 동네, 보잘것없는 골목까지도 소셜 네트워크 서비스의 물결이 이어지고 있다. 이런 현상은 점점 더 차별화되고 실질적인 것으로 진화하고 있다.

그렇기 때문에 이름을 뒤로 감추어 놓고 가명으로 어떤 일을 하던 시대는 이미 사라졌고, 개인의 모든 정보를 드러내 놓고 서비스를 하는 글로벌 시대로 바뀌었다.

개인 프로필에 가짜 이력이나 학력까지 넣어 과대 포장한 정보를 내놓고 서비스하는 일은 더는 존재할 수 없는 일이 되었다.

거창한 정보보다는 작아도 알차고 실속 있는 서비스가 신용 사회를 이루어 가는 시대가 된 것이다. 많은 사람이 그렇게 되기를 원하고 있다,

이런 일을 페이스북 소셜 네트워크가 맡고 있다,

그래서 벌거벗은 정보, 알몸 서비스 시대라고 말한다. 이런 현상은 날이 갈수록 점점 더 노골적으로 확산되고 있다.

특히 선거 때마다 페이스북 소셜 네트워크 서비스는 이른바 유명인 그룹을 형성하고 수많은 말을 거침없이 쏟아낸다.

유명인 그룹은 연예인, 작가, 평론가라는 사람들 스스로가 유명 인사라고 하거나 남들이 그렇게 불러주는 그룹이다. 그 기준과 성격은 매우 아리송하고 수수께끼 같다.

그들은 마치 불만이 많은 사람들을 대변해 주고, 고르지 못한 사회를 풍자하는 대변자처럼 행동한다.

겉으로 보기에는 그럴듯한 바람을 일으키면서 파장을 일으킨다. 그러나 그 결과가 과연 합당하거나 어떤 영향을 끼쳤는지는 미지수이다.

페이스북 소셜 네트워크 서비스를 교묘하게 이용하면서 여론을 만들어 낸다.

유명인 그룹에 이름을 올린 사람들은 스스로 매우 진보적인 생

각을 가졌다고 말한다. 보통 사람들보다 튀는 성격이 강하다. 자기들이 생각한 것을 거침없이 쏟아낸다. 자기들의 주장을 펴는데 매우 능숙하다.

그래서 페이스북에서 뿐만 아니라 소셜 네트워크 서비스에서도 새로운 생각, 앞서 가는 말들을 많이 하여 뉴스의 한복판을 장식한다.

그런 말 가운데는 사실보다는 부풀려 과장한 내용이나, 공격적이고 선동적인 것들이 많은 것으로 끝나는 경우가 대부분이다.

더구나 검색 업체들이 소셜 네트워크 서비스를 한다면서 이상한 문구를 올렸다.

"이메일만 주시면, 좋은 친구를 소개해 드립니다."
"친구를 찾아 드릴 테니 이메일 주소를 인증해 주세요."

하지만 페이스북 소셜 네트워크 서비스를 이용할 수 없는 검색 업체들이 교묘하게 이용해 보려는 술책이었다. 검색 업체들은 페이스북 소셜 네트워크 서비스에서 생산되는 콘텐츠를 다만 '실시간 이슈'의 의미밖에 없다. 그 이상도 그 이하도 할 수 없다.

05 끝없는 변화

"지금 페이스북의 시장 가치는 1,000억 달러를 넘어섰다!"

지난날 한때 신문과 방송에서 전달된 뉴스의 제목이다. 페이스북의 시장 가치가 1,000억 달러를 넘어서자 언론 매체들이 일제히 보도한 것이다. 엄청난 일이었다.

문제는 이런 보도가 나간 뒤에 발생하는 일이다. 이에 자극을 받은 수많은 기업이 너나 할 것 없이 소셜 네트워크 시장으로 들어가 황금알을 줍겠다며 야단법석을 떨었다.

기업뿐만 아니다. 소셜 네트워크 서비스 전문 분야가 아닌 스마트폰 서비스 업체까지 뛰어들겠다고 나선 것이다.

무한 경쟁이 예고되면서 경쟁은 불길처럼 활활 타올랐다. 그러자 소셜 네트워크 서비스의 경쟁은 끝이 보이지 않을 정도로 달아

올랐다.

소셜 네트워크 서비스 시장의 미래 고객은 어린이들이다. 적어도 5년 이후 주 고객이 될 어린이들은 지금 휴대전화 사용과 함께 인터넷을 이용하고 있다. 어린이들은 소셜 네트워크 서비스를 이용하겠다는 생각보다는 인터넷 이용에 더 마음을 두고 있다.

어린이들이 소셜 네트워크 서비스를 받아쓰기에는 아직은 부담스럽기 때문이다.

저크버그도 미래 고객이 될 어린이들을 위하여 주니어용 서비스 프로그램을 개발하고 있는 것으로 알려졌다.

이런 움직임은 우리나라 검색 업체에서도 마찬가지이다. 예를 들면 주니어 네이버 같은 것이다. 한국형 소셜 네트워크 서비스의 모델을 개발하는 일을 일부 기업 또는 개인들이 추진 중이라고 한다.

"저크버그처럼 생각하고 저크버그처럼 일하라!"

이 말은 이미 유행어가 되었다.

소셜 네트워크의 미래는 전혀 상상할 수도 없을 만큼 다양한 변화를 예고하고 있다. 어느 날 아침 갑자기 사회, 문화, 경제, 스포츠 등 여러 분야에서 상상을 초월하는 일들이 벌어질지 모른다.

제2의 저크버그가 나타나는 날 지구촌에는 또다시 회오리바람이 거세게 불 것이다. 이를 두고 네티즌들은 '시한폭탄'이라고 말한다.

그래서 페이스북은 과연 무엇인가? 하는 말들이 무성하다.

페이스북은 실시간 정보 제공 또는 뉴스 전달이라는 매우 훌륭한 기능이 있다. 그러나 다른 미디어보다 소비하는 주기, 곧 기간이 짧아서 전문적인 정보를 제공한다기보다는 속보성의 소통이라는 한계성에서 벗어나기 어렵다.

그래서 짧은 기간 안에 소비되는 소셜 네트워크 서비스의 특성 때문에 수많은 콘텐츠를 만들어야만 하는 부담이 따른다.

그런 이유는 페이스북이 폐쇄적 서비스라는 것 때문이다.

인터넷을 태양계라고 한다면 페이스북은 은하계와 같다고 한다. 그 은하계 안에서 또 다른 지구촌을 만들었다가 허물어 버리고 또 다른 제3의 지구촌을 만들지 모른다.

페이스북을 이용하는 가입자들은 마치 아파트 전세를 살고 있는 사람과 같아서 언제 이사를 하여야 할지 모른다 해서 나온 말이다.

🔳 마크 저크버그의 명언

- 진짜로 하고 싶은 것을 한다면 모든 것은 쉬워진다.

- 저지르는 것이 완벽을 추구하는 것보다 훨씬 낫다.

- 가장 큰 위험은 어떠한 리스크도 감수하지 않겠다는 자세다. 이는 급변하는 세상 속에서 반드시 실패할 수밖에 없는 유일한 전략이다.

- 세상을 변하게 하려면 모든 사람을 즐겁게 할 수 없다. 모든 사람을 즐겁게 한다면 충분한 발전을 이뤄 낼 수 없다.

- 누군가 우리가 가는 길에 대해 못마땅해하고 걱정하고 질투한

다. 하지만 굳이 그들을 달래려고 망설일 시간은 없다.

- 머물러 있는 사람들은 그 자리에 두고, 가야할 길을 계속 가야 한다.

- 가야 할 길을 바라보며 함께 가는 사람들이 더 소중하다.

- 온라인상에서만이라도 차별 없는 평등한 세상을 이루자.

- 대학에서 배운 것이 무엇인가? 결국, 사람이 세상을 지배한다는 것 아닌가?

- 명품을 가지고 있다 해서 의미 있는 삶을 살 수는 없다.

- 무엇인가를 개선시키려면 틀을 깨뜨려라.

- 여러 명이 지혜를 모으면 천재도 감당 못한다!

- 비록 둔재라 할지라도 천재를 흉내 내라!

- 실패하는 것보다 실패가 두려워 행동으로 옮기지 않는 것이 더 큰 죄다!

- 나에게 경쟁은 없다.

■ 마크 저크버그의 주요 발언

- 페이스북을 낮게 평가하라. 그러면 곧 놀라게 해 주겠다.

- 주식 상장 가격에 실망스러웠다. 이는 직원들의 사기에도 큰 영향을 미쳤다.

- 페이스북의 가장 큰 실수는 너무 많은 투자를 거침없이 한 것이다.

- 페이스북은 모바일에 근본적으로 강하다.

- 페이스북 폰을 만든다는 것은 말이 안 된다고 생각한다.

- 페이스북 모바일 사용자는 페이스북을 매일 사용할 확률이 높다.

- 페이스북은 주주를 고려한다.

IT 천재 페이스북 창업자
마크 저크버그 리더십

초판 1쇄 인쇄　　2014년 1월 22일
초판 1쇄 발행　　2014년 1월 27일

지은이 | 유한준
펴낸이 | 박정태
편집이사 | 이명수　　감수교정 | 정하경
책임편집 | 김안나　　편집부 | 전수봉, 위가연
마케팅 | 조화묵, 고범석　　온라인마케팅 | 박용대, 김찬영

펴낸곳　　　　BOOK★STAR
출판등록　　　2006. 9. 8. 제 313-2006-000198 호
주소　　　　　파주시 파주출판문화도시 광인사길 161
　　　　　　　광문각 B/D
전화　　　　　031)955-8787
팩스　　　　　031)955-3730
E-mail　　　　Kwangmk7@hanmail.net
홈페이지　　　www.kwangmoonkag.co.kr

ISBN　　　　　ⓒ2014, 유한준
　　　　　　　978-89-97383-27-6　44040
　　　　　　　978-89-966204-7-1　(세트)
가격　　　　　12,000원